BEI GRIN MACHT SICH IH[R] WISSEN BEZAHLT

- Wir veröffentlichen Ihre Hausarbeit,
  Bachelor- und Masterarbeit

- Ihr eigenes eBook und Buch -
  weltweit in allen wichtigen Shops

- Verdienen Sie an jedem Verkauf

Jetzt bei www.GRIN.com hochladen und kostenlos publizieren

Eric Schmeck

Mobiles Customer Relationship Management unter Berücksichtigung von Sicherheitsaspekten

GRIN Verlag

Bibliografische Information der Deutschen Nationalbibliothek:

Die Deutsche Bibliothek verzeichnet diese Publikation in der Deutschen National-
bibliografie; detaillierte bibliografische Daten sind im Internet über http://dnb.d-
nb.de/ abrufbar.

Impressum:

Copyright © 2011 GRIN Verlag, Open Publishing GmbH
Druck und Bindung: Books on Demand GmbH, Norderstedt Germany
ISBN: 978-3-656-05166-4

Dieses Buch bei GRIN:

http://www.grin.com/de/e-book/181858/mobiles-customer-relationship-management-
unter-beruecksichtigung-von-sicherheitsaspekten

GRIN - Your knowledge has value

Der GRIN Verlag publiziert seit 1998 wissenschaftliche Arbeiten von Studenten, Hochschullehrern und anderen Akademikern als eBook und gedrucktes Buch. Die Verlagswebsite www.grin.com ist die ideale Plattform zur Veröffentlichung von Hausarbeiten, Abschlussarbeiten, wissenschaftlichen Aufsätzen, Dissertationen und Fachbüchern.

Besuchen Sie uns im Internet:

http://www.grin.com/

http://www.facebook.com/grincom

http://www.twitter.com/grin_com

Universität Siegen

Fakultät III

Wirtschaftswissenschaften, Wirtschaftsinformatik

und Wirtschaftsrecht

Bachelorarbeit

Thema

„Mobiles Customer Relationship Management

unter Berücksichtigung von Sicherheitsaspekten"

von

Eric Schmeck

Fachsemester 6

Sommersemester 2011

Eric Schmeck

Mobiles Customer Relationship Management unter Berücksichtigung von Sicherheitsaspekten

Inhaltsverzeichnis

1 Einleitung 1

   1.1 Ausgangssituation 1

   1.2 Ziel und Aufbau der Arbeit 2

2 Grundlagen des CRM 3

3 Mobiles CRM 5

   3.1 Überblick über mobiles CRM 5

   3.2 Mobile Mehrwerte 8

      3.2.1 Überblick 8

      3.2.2 Ubiquität 10

      3.2.3 Kontextsensitivität 11

   3.3 Ziele des mobilen CRM 14

   3.4 Mobilisierung des CRM 18

4 Die Perspektiven Kunde und Außendienst 21

   4.1 Begriffsbildung des mobilen CRM 21

   4.2 Direkte Kundenansprache 23

   4.3 Unterstützung des Außendienstes 30

5 Mobiles CRM in Unternehmen 34

6 Mobile Sicherheit 36

   6.1 Sicherheitsprobleme und Lösungskonzepte 36

      6.1.1 Malware 36

      6.1.2 Angriffe aus dem Netzwerk 37

      6.1.3 Mitarbeiter als Sicherheitsrisiko 39

      6.1.4 Allgemeine Gegenmaßnahmen 41

   6.2 Persönlicher Schutz für Kunden und Mitarbeiter 44

      6.2.1 Identität 44

      6.2.2 Privatsphäre und Datenschutz 45

7 Zusammenfassung 49

Literaturverzeichnis 51

Anhang A 58

Abbildungsverzeichnis

Abbildung 3.1: Kundenprozess im mCRM..7

Abbildung 3.2: Grafische Repräsentation des Kontextmodels..............................12

Abbildung 3.3: Die Basiskomponenten eines LBS...14

Abbildung 3.4: Die Erwartungslücke und die Aufgabe des mobilen CRM..............15

Abbildung 3.5: Klassifizierte Ziele des mCRM..18

Abbildung 3.6: Überblick über die CRM-Mobilisierung...19

Abbildung 4.1: Empfangsbezogene Kundenkosten..26

Abbildung 4.2: Zielzeiten der Kommunikation...28

Abbildung 4.3: Sendeformate in Abhängigkeit von Nutzenwerten.........................29

Abbildung 4.4: Außendienstfunktionen eines mCRM-Systems..............................31

Abbildung 4.5: Die räumliche Verteilung von Teilprozessen im Außendienst.........32

Abbildung 5.1: Screenshots verschiedener MS Dynamics CRM Mobile Lösungen.34

Abbildung 6.1: Sicherheitsbedenkliches Fehlverhalten..40

Tabellenverzeichnis

Tabelle 3.1: Resultat der SWOT-Analyse des mCRM 16

Tabelle 4.1: Überblick über die Literatur zum Thema mCRM 22

1 Einleitung

1.1 Ausgangssituation

Im Vergleich zu stationärem CRM ist die Verbreitung von mobilem CRM noch nicht besonders weit fortgeschritten. Allerdings ist festzustellen, dass der Markt für mobile Applikationen in schnellem Maße wächst. Für das Jahr 2011 wird etwa die Anzahl an mobilen Applikationen in Apples App Store auf über 500.000 beziffert [Ziberg, 2011]. Auch die Verbreitung von mobilen Businesslösungen nimmt zu. Insbesondere kleine und mittlere Unternehmen (KMU) beschäftigen zunehmend mobile Mitarbeiter und legen vor allem Wert auf mobile Lösungen im Außendienst und im Marketing/Vertrieb [Büllingen, et al., 2010]. Während die Anzahl an Außendienstmitarbeitern stetig wächst, gewinnt auch die Forderung nach einer umfassenderen Kundenausrichtung zur langfristigen Umsatzsteigerung immer mehr Anklang in Unternehmen.

Der Erfolg von CRM-Systemen lässt sich bspw. anhand von Umfrageergebnissen in europäischen Unternehmen ablesen. So kommt das Marktforschungsunternehmen Forrester Research zu dem Ergebnis, dass 62% aller Befragten glauben, dass CRM-Lösungen einen positiven Einfluss auf die Kundenzufriedenheit und die Produktivität von Mitarbeitern des Außendienstes haben [Forrester, 2009]. Im Hinblick auf mobile CRM-Lösungen geben sogar 73% der Befragten an, dass eine Erhöhung der Arbeitseffektivität des Außendienstes stattfand.

Allgemein ist ein steigendes Bewusstsein für die Notwendigkeit der Mobilisierung von Geschäftsprozessen festzustellen. Im Fokus steht die Realisierung von effektiven und effizienten Prozessen in Verbindung mit mobilen Endgeräten. So findet eine Expansion der konventionellen Systeme auf den mobilen Bereich statt, damit versteckte Nutzenpotenziale durch die Verbreitung von Smartphones und Co. dienstbar gemacht werden können.

Gleichzeitig ist neben den erkannten Nutzenpotenzialen mobiler Endgeräte und dem Bewusstsein für eine umfassendere Kundenausrichtung eine nicht unbegründete Skepsis in Unternehmen auszumachen, die sich in erster Linie auf den sicheren Umgang mit Kundendaten bezieht. Fehler in diesem Bereich, z.B. einem Verlust von sensiblen Daten, gehören zu den Worst-Case-Szenarien im Umgang mit Mobile

Business Anwendungen, insbesondere dem mobilem CRM, welches dem Außendienstmitarbeiter charakteristischerweise Zugriff auf eine große Kundendatenbank gestattet.

1.2 Ziel und Aufbau der Arbeit

Das Ziel dieser Arbeit ist die Auseinandersetzung mit dem Begriff „Mobiles Customer Relationship Management". Zu diesem Zweck erfolgt erst eine Einführung in den Begriff des CRM. Darauf aufbauend wird das mobile CRM beschrieben.

Nach einem Überblick über mobiles CRM folgt eine Beschreibung der Mobilen Mehrwerte, die sich auf alle Einsatzbereiche mobiler Endgeräte beziehen. Sie zeigen die Nutzenpotenziale im Allgemeinen auf und bereiten das Fundament für nachfolgende Zielsetzungen des mobilen CRM.

Nachdem zunächst eine grundsätzliche Auseinandersetzung mit den Grundlagen stattgefunden hat, werden im Unterkapitel „Mobilisierung des CRM" Herangehensweisen aufgeführt, damit ein CRM um den mobilen Aspekt erweitert werden kann.

Da schon der Begriff des CRM in der einschlägigen Literatur nicht immer klar und eindeutig definiert ist, erscheint auch mobiles CRM in der Literatur als ein breitgefächerter Begriff, der verschiedene Betrachtungsperspektiven offeriert. Zu diesen Perspektiven gehören die Kunden- sowie die Außendienstperspektive. Beide Sichtweisen werden im Kapitel „Die Perspektiven Kunde und Außendienst" näher erläutert. Zudem wird zuvor die einschlägige Literatur zum Thema in diese Sichtweisen eingeteilt.

Diesem Kapitel folgt eine kurze Beschreibung des praktischen Einsatzes des mobilen CRM. Hierzu gehören eine Präsentation von exemplarischen Anwendungen und eine Wiedergabe von Unternehmenseinschätzungen über mobiles CRM in Europa.

Da diese Arbeit insbesondere den Sicherheitsaspekt beim Einsatz von mobilem CRM behandeln möchte, beschäftigt sich das Kapitel „Mobile Sicherheit" mit der Thematik von Sicherheitsproblemen und deren Lösungen. Außerdem wird in diesem Zuge auf die (heutzutage sehr aktuellen) Themenfelder Privatsphäre und Datenschutz eingegangen. Nach Meinung des Autors sollten Unternehmen gerade in diesem Bereich ausreichende Regelungen zur sicheren und korrekten Nutzung von Kundendaten treffen. Eine intensive Auseinandersetzung mit dieser Thematik ist und bleibt auch in Zukunft für Unternehmen unvermeidbar beim Umgang mit sensiblen Kundendaten.

2 Grundlagen des CRM

Bevor in das Thema Mobiles CRM eingestiegen wird, erfolgt zunächst eine kurze Betrachtung des Customer-Relationship-Managements (CRM) auf Basis einer allgemeinen Betrachtung. Von diesem Punkt aus kann das eigentliche Thema der Arbeit angemessen analysiert werden.

Da die Literatur rund um das Thema CRM eine Mannigfaltigkeit an Definitionen aufweist und die Begriffsdefinitionen nicht immer übereinstimmen, wird eine Definition herausgestellt, die den Begriff allgemein umfassend beschreibt:

„CRM ist zu verstehen als ein strategischer Ansatz, der zur vollständigen Planung, Steuerung und Durchführung aller interaktiven Prozesse mit den Kunden genutzt wird. CRM umfasst das gesamte Unternehmen und den gesamten Kundenlebenszyklus und beinhaltet das Database Marketing und entsprechende CRM-Software als Steuerungsinstrument" [Holland, 2001].

Mit dieser Definition zeigt Holland auf, dass CRM eine grundlegende Ausrichtung eines Unternehmens auf den Kunden vorrausetzt. Der Begriff der Strategie beschreibt zudem eine langfristige Absicht, einen Kunden zu gewinnen und so lange wie möglich an das eigene Unternehmen zu binden.

Das unternehmerische Handeln soll durch den Einsatz eines CRM auf die Interessen, Anforderungen und Präferenzen der Kunden fokussiert werden [Schumacher, et al., 2004]. Durch diese Maßnahme sollen die entstehenden Kosten für den Einsatz eines CRM-Systems durch wirtschaftliche Vorteile gegenüber der Konkurrenz und durch Gewinne aus höherer Kundenbindung ausgeglichen werden.

Allgemein verfolgt eine CRM-Strategie u.a. meist folgende Ziele (zitiert aus [Hubschneider, 2007 S. 15]):

- Höhere Produktivität durch Automatisierung von Standardabläufen
- Schnellerer Zugriff auf Kundendaten
- Integration verschiedener Kommunikationskanäle
- Bessere Unterstützung des Außendienstes
- Bessere Bestandskundenpflege
- Realisierung ungenutzter Verkaufspotenziale
- Effektivere Kundengespräche
- Steigerung der Kundenzufriedenheit
- Aufbau eines „Unternehmensgedächtnisses"

Zu erkennen ist eine Zielsetzung auf beiden Seiten des wirtschaftlichen Erfolgs: Der Kosten- und der Erlösseite. Eine Optimierung der Prozessabläufe, z.B. ein schnellerer Zugriff auf Kundendaten, schafft Kostensenkungspotenziale. Eine Steigerung der Kundenzufriedenheit führt auf der anderen Seite eventuell dazu, dass Kunden öfter Dienstleistungen des Unternehmens in Anspruch nehmen und dadurch mehr Umsatz generiert werden kann.

Die Hauptaufgabe des CRM ist in jedem Falle der Umgang mit Kunden, sowohl Kundengewinnung (Akquisition) als auch Kundenbindung. Eng verknüpft mit dem Begriff des CRM ist daher der Begriff des „Relationship Marketings", welcher sich im engeren Sinne ausschließlich Kundenbeziehungen und im weiteren Sinne auch Beziehungen zu anderen Anspruchsgruppen des Unternehmens betrifft [Bruhn, 2009 S. 11f]. Das Relationship Marketing steht unter der Prämisse, dass vor allem die Qualität der Beziehung zu ihren Kunden den eigentlichen Erfolg eines Unternehmens ausmacht.

Begrifflich voneinander abzugrenzen sind in diesem Umfeld die Termini „Kundennähe" (als Maß dafür, wie weit sich das Unternehmen um den Kunden aktiv kümmert), „Kundenzufriedenheit" (als Maß des Vergleichs von Kundenerwartungen und dem tatsächlichen Ergebnis) und „Kundenbindung" (als Maß der Aufrechterhaltung von Geschäftsbeziehungen mit dem Kunden). Da diese Begriffe weitumfassend sind, wird auf [Krafft, 2007] verwiesen, wo jeder Begriff näher analysiert wird.

Im Rahmen des CRM-Gesamtprozesses lassen sich nach [Schumacher, et al., 2004 S. 46f] vier wesentliche Eigenschaften herausstellen:

- **Integration**: Das CRM integriert die Aufgabenbereiche Marketing, Vertrieb und Service.
- **Individualität**: Die Kontaktaufnahmen zum Kunden sind im CRM individuell zu gestalten. Es lassen sich z.B. nur bestimmte Zielgruppen ansprechen.
- **Einheitlichkeit**: Alle CRM-Prozesselemente sind einheitlich gestaltet.
- **Transparenz**: Manche Prozesse des CRM sind für Kunden unmittelbar einsehbar, z.B. der Bearbeitungszustand.

Als fünften Punkt ließe sich im Hinblick auf mobiles CRM die Eigenschaft der „Mobilität" anführen. Die vier vorangestellten Eigenschaften würden sich dann auch auf mobile Kunden und Mitarbeiter beziehen und ein umfassenderes Relationship Marketing darstellen.

3 Mobiles CRM

3.1 Überblick über mobiles CRM

Stationäres CRM bildet die Grundlage für das Konzept des mobilen CRM (oder kurz mCRM). Charakteristisch für CRM-Systeme ist die Verknüpfung von betrieblichen Informationen und Kundeninformationen:

„In einem CRM-System werden Kundendaten (z.B. Stamm-, Interaktions- sowie Transaktionsdaten), Produktinformationen, Kampagneninformationen und Serviceinformationen zusammengeführt, sinnvolle Aggregate bzw. Cluster gebildet und auf diese dann gezielt zugegriffen" [Hampe, et al., 2002].

Mobile Technologien ermöglichen in diesem Kontext Informationen von jedem Ort zu jeder Zeit abzurufen. Da dies aber einen Umbruch im Gesamtgefüge der Unternehmen-Kunden-Interaktion darstellt und die Kommunikation daher komplett überdacht werden muss, stellt mCRM mehr als eine logische Erweiterung des CRM-

Gedankens dar. Mobiles CRM ist vielmehr eine Symbiose von konventionellem CRM und mobiler Technologie.

Doch dieser Denkansatz ist nicht neu. Da die Kommunikation zwischen Unternehmen und Kunden essenziell für CRM ist, wurde schon früh eine mobile Nutzung angestrebt. Folgende Definition des CRM geht in diese Richtung:

„CRM ist eine kundenorientierte Unternehmensstrategie, die mit Hilfe moderner Informations- und Kommunikationstechnologien versucht, auf lange Sicht profitable Kundenbeziehungen durch ganzheitliche und individuelle Marketing-, Vertriebs- und Servicekonzepte aufzubauen und zu festigen" [Hippner, 2006 S. 18].

Mobile IKT (Informations- und Kommunikationstechnologien) unterstützen das CRM auf dem Weg der Kundenkommunikation und schließlich auch bei der Profitabilität. Mobiles CRM wird daher folgendermaßen definiert:

„Mobiles Customer Relationship Management (mCRM) unterstützt das Kundenbeziehungsmanagement eines Unternehmens in den kundenbezogenen Bereichen Marketing, Vertrieb und Service durch den Einsatz mobiler Informations-, Kommunikations-, Transaktions- und Applikationsdienste an sämtlichen Kundenkontaktpunkten." [Houy, et al., 2010 S. 130]

Diese Definition erfolgt zunächst unabhängig der Sichtperspektive. Prinzipiell ließe sich ein mobiles CRM sowohl mit dem Fokus der direkten Kundenansprache (mobiler Kunde) als auch der Außendienstunterstützung (mobiler Mitarbeiter) betrachten. Eine genaue Auseinandersetzung dieser beiden Perspektiven erfolgt allerdings erst im Kapitel „Die Perspektiven Kunde und Außendienst". In diesem Zuge soll auch die Literatur zu dieser Thematik den beiden Dimensionen zugeordnet werden.

Dem Beispiel des CRM folgend, gilt für mCRM analog eine generelle Ausrichtung auf den Kunden. Wie die obige Definition zeigt, werden die Bereiche Marketing, Vertrieb und Service dahingehend miteinander verknüpft, sodass eine Unterstützung der Beziehung zwischen Unternehmen und Kunden stattfindet. Obwohl diese drei Bereiche verschiedene Ansätze zur Gewinnsteigerung verfolgen (Kundenakquisition versus Kundenbindung), können diese im CRM und damit auch im mCRM zusammengeführt und gemeinsam ausgeführt werden.

Während die Kundenakquisition im Bereich des Marketings nach wie vor einen sehr großen Anteil bei der Mittelverwendung darstellt, rückt insbesondere die langfristige Kundenbindung immer mehr in den Vordergrund, da sich langsam die Erkenntnis durchsetzt, dass es für Unternehmen wesentlich teurer ist, einen neuen Kunden zu werben, als einen bereits bestehenden Kunden langfristig an sich zu binden [Bach, et al., 2000 S. 19]. So berechnet etwa [Kunz, 1996 S. 18] auf Basis von Untersuchungen, dass Investitionen in Kundenbindung fünf- bis siebenmal niedriger ausfallen als vergleichbare Ausgaben zum Zwecke der Kundenwerbung. Unter diesen Gesichtspunkten wird auch im mobilen CRM die Aufrechterhaltung der bestehenden Kundenbeziehung weitestgehend präferiert, wobei es auch dort noch möglich bleibt, unternehmensfremde Kunden durch gezielte, personalisierte Werbung auf ihrem mobilen Gerät zu erreichen.

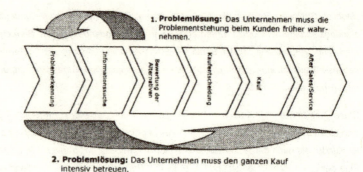

Abbildung 3.1: Kundenprozess im mCRM [Morlang, 2005 S. 207]

Allgemein muss es im mobilen CRM darum gehen, dass Kundenprozesse überarbeitet werden und an die mobile Technologie angepasst werden, siehe Abbildung 3.1. Eine Problemstellung des Kunden muss frühzeitig erkannt werden und der Kauf muss als Ganzes intensiv betreut werden. Mobile Endgeräte bilden dabei neue Möglichkeiten den Kaufprozess zu unterstützen und sogar neue Wege des Verkaufs zu eröffnen.

Das Unternehmen muss den Kunden den gesamten Prozess über begleiten. Dies muss im Hinblick auf mobiles CRM nicht immer zwangsweise bedeuten, dass alle

Prozessteile mobil erfolgen: „Es ist denkbar, dass eine Anfrage zwar mobil erfolgt, die Produktauswahl aber im stationären Internet stattfindet, um anschließend die Geschäftstätigkeit offline durchzuführen" [Morlang, 2005 S. 207]. Dies bedeutet, dass ein Unternehmen dem Kunden Optionen zur mobilen Kommunikation offen lassen und ihm gleichzeitig die Freiheit des Kommunikationsformates selbst überlassen muss.

3.2 Mobile Mehrwerte

3.2.1 Überblick

Der gesteigerte Nutzenwert eines mobilisierten CRM tritt nicht unweigerlich aus der Symbiose des stationären CRM und mobiler Technologien hervor. Damit sowohl Kunde als auch Unternehmen einen Vorteil des neuen Systems haben, müssen die mobilen Mehrwerte erkennbar sein. Auf diesen Mehrwerten aufbauend können dann Anforderungen und Ziele der mobilen Lösung formuliert werden.

Auf Basis der Theorie Informationeller Mehrwerte [Kuhlen, 1996] lassen sich acht verschiedene Formen Informationeller Mehrwerte (Information Added Values, kurz IAV) unterscheiden (zitiert aus [Turowski, et al., 2004 S. 150]):

- Mehrwert mit Effizienzwirkung (verbesserte Wirtschaftlichkeit)
- Mehrwert mit Effektivitätswirkung (verbesserte Wirksamkeit)
- Ästhetisch-Emotionaler Mehrwert (erhöhtes Wohlbefinden, Akzeptanz oder Arbeitszufriedenheit)
- Flexibler Mehrwert (erhöhte Flexibilität bei der betrieblichen Leistungserstellung)
- Organisatorischer Mehrwert (neue, verbesserte Organisationsstrukturen hinsichtlich Aufbau- oder Ablauforganisation möglich)
- Innovativer Mehrwert (völlig neue bzw. neuartige Produkte und Dienstleistungen möglich)
- Strategischer Mehrwert (entsteht, wenn auf Basis anderer Mehrwerte ein Strukturwandel in Beruf, Wirtschaft oder Gesellschaft ausgelöst wird)

Unabhängig davon, ob der Nutzer des mobilen Endgerätes der Kunde oder der Außendienstmitarbeiter ist, ergeben sich für das Unternehmen diese Mehrwerte. Da der Informationsaustausch, etwa über ein Smartphone, die Durchlaufzeit eines Kundenauftrags beschleunigt, erhöht sich in diesem Sinne die Profitabilität. Prozesse können durch mobile Geräte vor Ort stattfinden und zusätzlich zu beinah jederzeit, was zur gesteigerten Effektivität und Effizienz führt. Kunden oder Mitarbeiter bedienen zudem das mobile Gerät sehr gerne, da es klein, leicht und gut zu bedienen ist. Diese Effekte implizieren ein gesteigertes Wohlbefinden innerhalb des Prozessablaufs.

Elektronische Mehrwerte (Electronic Added Values, kurz EAV) und Mobile Mehrwerte (Mobile Added Values, kurz MAV) erweitern den Ansatz der IAV und ergeben sich aus der Internet-Technologie [Pousttchi, et al., 2003]. Solche EAV sind:

- Reduzierung der zeitlichen und räumlichen Beschränkungen
- Reduktion von technischen Einschränkungen
- Multimedialität und Interaktion
- Gleichartigkeit des Zugangs

Da moderne mobile Endgeräte oft Internetzugang besitzen, können diese EAV direkt auf sie angewendet werden. Das Internet erlaubt einen Zugang von jedem Ort zu jeder Zeit und ist im Generellen zudem nicht für bestimmte Benutzergruppen beschränkt. Die Interaktion erfolgt auf Basis von verschiedenen Medientypen. Die Reduktion von technischen Einschränkungen begünstigte die Entwicklung und Nutzung von Internet nutzenden Anwendungen: „So lassen sich beispielsweise Medienbrüche vermeiden, Daten oder Prozesse zwischenbetrieblich integrieren und Produktivitätspotentiale im B2B-Bereich ausschöpfen" [Turowski, et al., 2004 S. 157]. Dies wird dadurch ermöglicht, dass das Internet über weitläufig akzeptierte und standardisierte Protokolle verfügt und Datenaustausch mittels weitentwickelter Datenübertragungstechniken schnell stattfinden kann.

Mobile Technologien liefern Mobile Mehrwerte, welche Elektronische Mehrwerte ausnutzen und Informationeller Mehrwerte erweitern. Man unterscheidet nach [Pousttchi, et al., 2003] und [Turowski, et al., 2004] vier Mobile Mehrwerte:

- Ubiquität
- Kontextsensibilität
- Identifizierungsfunktionen
- Telemetriefunktionen

Auch [Clarke, 2008] unterscheidet im Hinblick vor allem auf den Einsatz im Bereich Mobile Commerce MAV: Ubiquität, Bequemlichkeit, Lokalisierbarkeit und Personalisierbarkeit. Der Mehrwert an Bequemlichkeit würde nach obiger Einteilung eher in die Kategorie „Ästhetisch-Emotionaler Mehrwert" im Sinne eines Informationellen Mehrwertes fallen. Ubiquität ist, so stimmen Clarke und Turowski et al. überein, der wichtigste Mobile Mehrwert. Die beiden restlichen Mehrwerte Clarkes, Lokalisierbarkeit und Personalisierbarkeit, könnten theoretisch zu dem MAV Kontextsensitivität von Turowski et al. zusammengefasst werden oder bilden zumindest Teilaspekte dieser Kategorie.

Die beiden wichtigsten MAV, Ubiquität und Kontextsensitivität, sollen im Weiteren auf Grund ihrer Bedeutung für mobile CRM-Systeme näher betrachtet werden. Die Identifizierungsfunktionen spielen hinsichtlich der mobilen Sicherheit eine Rolle. Die Auseinandersetzung über die Verwendung von Passwörtern zum Schutz der Daten findet in dem dazugehörigen späteren Kapitel „Mobile Sicherheit" statt.

3.2.2 Ubiquität

Die Ubiquität ist ein von [Weiser, 1991] eingeführter Begriff, der die Allgegenwärtigkeit mobiler Technologie beschreibt. Dieser Mobile Mehrwert ist der Bedeutendste. Für den Besitzer eines mobilen Endgerätes bedeutet die Ubiquität, dass er jederzeit und überall verfügbar ist und auf der anderen Seite auch selbst Andere erreichen kann. Somit ergeben sich in Hinsicht auf Mobile Business (bzw. mit dem Aspekt des Verkaufsvorganges Mobile Commerce) zwei grundsätzliche Perspektiven. Zum einen kann der Kunde/Mitarbeiter größtenteils uneingeschränkt mobile Dienste des Unternehmens nutzen. Die erhöhte Flexibilität und Reaktionsgeschwindigkeit implizieren eine Steigerung des Komforts auf Nutzerseite. [Turowski, et al., 2004 S. 158]

Der andere Profiteur ist das Unternehmen, welches den Kunden entweder direkt oder durch einen mobilen Mitarbeiter erreicht. Die direkte Kundenansprache ist auf Grund der hohen Verbreitung von Mobiltelefonen, insbesondere Smartphones, immer leichter möglich. Laut aktueller Statistiken wird der Absatz von Smartphone allein in Deutschland bei zehn Millionen liegen [Bitkom, 2010]. Smartphones liegen im Fokus, da sie neben den klassischen Mobiltelefonen (Handys) das höchste Maß an Ortsunabhängigkeit und Erreichbarkeit bieten [Tschersich, 2010]. Im Gegensatz zu nomadischen Geräten, wie Notebooks/Laptops, Netbooks, PDAs und Tablet-PCs, die meist nicht nach dem Allways-on-Prinzip existieren, müssen Smartphones keinen minutenlangen Bootprozess durchlaufen [Lehner, 2003].

3.2.3 Kontextsensitivität

Die Kontextsensitivität beschreibt nach [Turowski, et al., 2004 S. 158] „[...] die Möglichkeit, ein mobiles Angebot maßgeschneidert auf die Präferenzen und Bedürfnisse des Nutzers in seiner derzeitigen, konkreten Situation auszurichten." Auf Grund der technischen Möglichkeiten des mobilen Gerätes zur Kontextaufzeichnung können viele Arten von Kontext aufgezeichnet werden und diese in Relation zu einander gesetzt werden. Eine relativ grobe Einteilung des allgemeinen Kontextes ist auf Abbildung 3.2 zu sehen.

Folgende Kategorien von Kontext werden nach [Tschersich, 2010] unterschieden:

- **Umgebung** (Environment): Ort und Zeit, Orientierung (von Objekten), Physikalische Eigenschaften, Helligkeit und Geräuschpegel, Verfügbarkeit und Qualität (von Geräten und der Kommunikation)
- **Teilnehmer** (Participants): Ort und Zeit, Orientierung, Persönliche Eigenschaften (z.B. Alter, Geschlecht, Bildung, Präferenzen), mentaler Status, körperliche Gesundheit, Erwartungen)
- **Aktivitäten** (Activities): Aufgaben und Ziele (der Teilnehmer), Veränderungen in der Umgebung (z.B. Wetter)

- **Interaktionen** (Interactions): Co-Lokalisierung, Gruppendynamik, soziale Situationen, Teilnehmer-Umwelt-Beziehungen (z. B. Arbeiter mit Arbeitsplatz), Datum/Kalender

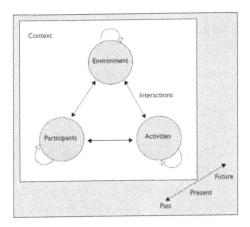

Abbildung 3.2: Grafische Repräsentation des Kontextmodels [Tarasewich, 2003]

Zu beachten ist in dieser Auflistung, dass nicht alle Kontextformen in der Realität tatsächlich genutzt werden können. Bestimmte Aspekte sind abhängig der technischen Möglichkeiten mobiler Endgeräte. So ist es auf der einen Seite sehr leicht möglich, die Zeit zu ermitteln, zu der gerade eine Aktivität stattfindet. Ebenfalls ist es leicht an technische Informationen zu gelangen, die auf dem Gerät liegen. Dies wären z.b.: Hardware und Software, Betriebssystem, Batteriestatus, Kapazitäten, Konnektivität und Historie über Verbindungen.

Auf der anderen Seite muss das mobile Endgerät zur genauen Ermittlung von Ortsdaten über entsprechende Komponenten wie etwa GPS (Global Positioning System) verfügen. Zur Ortung muss allerdings nicht zwangsläufig ein System wie GPS installiert sein. Der Standort der Mobilfunkmasten oder der WLAN-Access-Points erlauben eine ähnlich genaue Lokalisierung [Morlang, 2005 S. 161ff]. Besonders einfach ist die lokale Zuordnung, wenn der Kunde oder Mitarbeiter seinen Aufenthaltsort freiwillig selbst auf einer Karte einträgt.

Sowohl die Orientierung des Gerätes, als auch Helligkeit und Geräuschpegel sind bereits mit modernen Komponenten zu erreichen. Um an persönliche Informationen

über den Nutzer zu gelangen, muss dieser die Informationen auf dem Gerät einge-
geben haben.

Mobile Anwendungen können sich mit Hilfe dieser Kontextinformationen automa-
tisch an den Nutzer anpassen. Dieses Verfahren wird bei [Burell, et al., 2001] folgendermaßen definiert:

*„Context-aware computing is the use of environmental characteristics such as the
user's location, time, identity, and activity to inform the computing device so that it
may provide information to the user that is relevant to the current context."*

Die Übertragung von nur noch relevanten Informationen offeriert ein Potential für
verbesserte Benutzerfreundlichkeit, wobei die Kontextaufzeichnung während der
User-System-Interaktion als Filtermechanismus fungiert [Aziz, et al., 2006]. Der
Wissenserwerb auf Nutzerseite kann zu einer Verbesserung des Prozesses führen,
da Schwachstellen entdeckt und behandelt werden können. Ebenfalls können er-
fasste Daten später zu einem bestimmten Nutzer zurückverfolgt werden. Analysen
des Kontexts lassen wiederum Möglichkeiten der Effizienzsteigerung zu.

Ein Außendienstmitarbeiter wird aus dem analytischen CRM mit bestimmten Kundeninformationen versorgt, die sich aus seinem Kontext ergeben (z.B. Fahrt zum
Kunden X). Durch diese Maßnahmen können Kundenbeziehungen verbessert werden [Silberer, et al., 2008]. Der Mitarbeiter kann mit Hilfe eines Navigationsgerätes
schnell beim Kunden erscheinen und ist bei seiner Ankunft bestens über ihn informiert.

Nicht nur für den Mitarbeiter, sondern auch für den Kunden dürfte der Dienst der
Location Based Services (LBS) besonders vorteilhaft erscheinen. Diese standortbe-
zogenen Dienste nutzen die Information aus der von Satelliten bereitgestellten Posi-
tionierung des mobilen Endgerätes im Raum, siehe Abbildung 3.3.

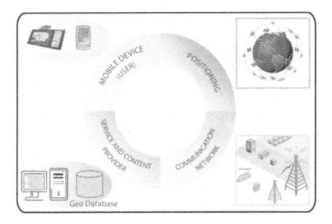

Abbildung 3.3: Die Basiskomponenten eines LBS [Steiniger, et al., 2006]

Der Kunde kann sich mit Hilfe seines mobilen Gerätes lokalisieren lassen, sich mit Hilfe einer Karte orientieren und eine Suche initiieren. Dadurch ist etwa das Auffinden der am kürzesten entfernten Filiale oder Vertriebstelle eines Unternehmens möglich.

3.3 Ziele des mobilen CRM

An dieser Stelle soll eine Betrachtung der Ziele des mobilen CRM stattfinden. Diese Zielsetzung ergibt sich aus einer betriebswirtschaftlichen Ausnutzung der zuvor genannten Mobilen Mehrwerte im Rahmen des mCRM. Hierfür werden sowohl die neuen Möglichkeiten, die die Technologien implizieren, miteingeschlossen, als auch die neuen Anforderungen, die seitens der Kunden entstehen.

Die Nutzung der Vielfältigkeit der neuen, mobilen Technologien für den Kunden wird schon seit längerer Zeit als die größte Herausforderung für das Unternehmen von morgen angesehen [Allen, 2001]. Es ist damit zu rechnen, dass ein höherer Nutzungsgrad von mobilen Endgeräten höhere Kundenerwartungen nach sich zieht.

Dabei müssen sich Unternehmen zunehmend nicht nur im stationären Internet, sondern auch im mobilen Internet mit der Konkurrenz messen, was sie dazu zwingen wird, die Leistungen an die neue Situation anzupassen [Morlang, 2005 S. 150f].

Dem Unternehmen zeigt sich (analog zu einer Gap-Analyse [Welge, et al., 2003]) eine zu füllende Lücke im Gesamtkonzept der Unternehmensplanung hinsichtlich CRM. Auf Abbildung 3.4 ist diese Lücke ersichtlich. Der Handlungsbedarf ist gegeben, wenn die derzeitige Leistungserfüllung durch Unternehmen nicht hinreicht, um die Erwartungen der Kunden zu erfüllen. Aufkommende Erwartungen konnten bereits im stationären Internet durch ein elektronisches CRM (eCRM) bedient werden. Im mobilen Internet treten allerdings neue Erwartungen hinzu, was eine Beschäftigung mit dem Konzept eines mobilen CRM erfordert.

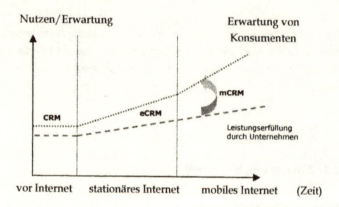

Abbildung 3.4: Die Erwartungslücke und die Aufgabe des mobilen CRM [Morlang, 2005 S. 152]

Die primäre Anforderung an das mobile CRM ist es, die Mobilen Mehrwerte zur Deckung dieser strategischen und schließlich auch operativen Lücke zu schließen, die sich durch die stetige Weiterentwicklung auf dem Markt der mobilen Endgeräte aufgetan hat.

Um diese Lücke mittels mCRM schließen zu können, müssen die Zielvorgaben klar abgesteckt werden. Bei [Hartel, et al., 2006] wird vorgeschlagen, zunächst eine

SWOT-Analyse [Kotler, et al., 2001] durchzuführen, um aus dem theoretisch-Möglichen konkrete, realistische Zielvorgaben abzuleiten.

Die SWOT-Analyse ist ein methodischer Ansatz des Managements, um Zugang zu dem Wissen über Stärken (Strengths), Schwächen (Weaknesses), Chancen (Opportunities) und Gefahren (Threads) von strategisch wichtigen Objekten wie Produkten und Projekten zu erlangen. Es findet eine Stärken-Schwächen-Analyse und eine Chance-Risiken-Analyse statt, um eine Grundlage für Strategien zu liefern [Simon, et al., 2002]. In Tabelle 3.1 ist eine exemplarische SWOT-Analyse des mCRM zu sehen.

SWOT-Analyse	Nützlich	Schädlich
Intern	Stärken:	Schwächen:
	- Personalisierte und neuartige Kundenangebote	- Fragliche Reife von mCRM-Systemen
	- Technische Unterstützung des Außendienstes	- Ungewisses Kosten-Nutzen-Verhältnis
	- Mobiler Austausch relevanter Daten und Informationen	- Unzureichende Zusammenarbeit von Mitarbeitern
Extern	Chancen:	Gefahren:
	- Gesteigerte Kundenzufriedenheit und Kundenbindung	- Kompliziertes Kunden-Interface
	- Prozessausrichtung zum Kunden	- Kundenbedenken ggb. Privatsphäre und Sicherheit
	- Erhöhte Einnahmen	- Hohe Kundenerwartungen

Tabelle 3.1: Resultat der SWOT-Analyse des mCRM (vgl. [Hartel, et al., 2006])

An dieser SWOT-Analyse soll sich im Weiteren auch diese Arbeit ausrichten. Die Stärken werden in den beiden Kapiteln „Direkte Kundenansprache" und „Unterstützung des Außendienstes" näher betrachtet. Die Chance auf die Verbesserung des Verhältnisses zum Kunden wird im Kapitel kurz im Kapitel „Mobiles CRM in Unternehmen" wieder aufgegriffen, indem eine Umfrage zum tatsächlichen Nutzen von mobilem CRM vorgestellt wird. Die Risiken bezüglich der Sicherheitsbedenken werden im Kapitel „Mobile Sicherheit" thematisiert. Eine nähere Betrachtung der Bedienbarkeit (Usability) von mCRM-Systemen kann auf Grund der thematischen Begrenzung dieser Arbeit nicht geleistet werden, jedoch sei an dieser Stelle darauf hingewiesen, dass die Nutzbarkeit von Software auf mobilen Geräten mitunter eine wichtige Rolle spielen kann, wenn es um die Akzeptanz der Anwendung beim Kunden oder Mitarbeiter geht.

Die folgende Aufstellung von Zielsetzungen für das mobile CRM ist eine Zusammensetzung aus den Ergebnissen der SWOT-Analyse des mCRM und aus den klassischen Zielen des CRM (wie z.B. Kundengewinnung, Kundenbindung und Kostensenkung).

Die Zusammenstellung der Zielsetzungen des mobilen CRM ist auf Abbildung 3.5 zu sehen. Allgemein lassen sich diese Ziele nach [Diller, 2002] in fünf für das Marketing typischen Zielgruppen einordnen:

- **Leistungsziele** (performance objectives): Sie beziehen sich auf interne Aktivitäten in Unternehmen. Darunter fällt die Steigerung der Effektivität, der Effizienz und der Geschwindigkeit interner Leistungsprozesse. Beispiele für das mCRM sind: Kürzere Prozesszeiten, erhöhte Produktivität mittels mobiler Geräte, Kostenreduktion, bessere Datenqualität und auch erhöhte Mitarbeiterzufriedenheit.
- **Interaktionsziele** (interaction objectives): Diese Ziele beschäftigen sich mit der Interaktion mit dem Kunden. Dazu gehören das Angebot von neuartigen Diensten, die Integration von Elementen der Auftragsabwicklung und die Möglichkeit, dass der Kunde Teile der Prozesskette übernimmt und sich teils selbst mit Informationen versorgt.
- **Kundenziele** (customer objectives): Dazu gehören klassischerweise die Bindung bestehender Kunden und die Akquisition neuer Kunden.
- **Marktziele** (market objectives): Zu den Marktzielen zählen gesteigerte Umsätze, höhere Marktanteile und die Steigerung der Wettbewerbsfähigkeit.
- **Gewinne** (income objectives): Diese Gruppe von Marketingzielen subsummiert zu dem allgemeinen Ziel, die Gewinne zu erhöhen, und beeinflusst dadurch auch die zuvor genannten Ziele in starkem Maße.

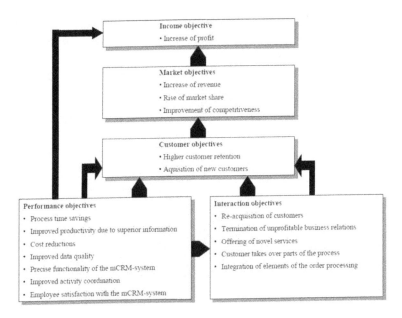

Abbildung 3.5: Klassifizierte Ziele des mCRM [Hartel, et al., 2006]

3.4 Mobilisierung des CRM

Die größte Herausforderung für ein Unternehmen, welches ein mCRM-System nutzen möchte, ist die Integration mobiler Abläufe in ein bestehendes Informationssystem. Dabei lässt sich ein Informationssystem (IS) grundsätzlich folgendermaßen definieren:

„Ein Informationssystem ist ein System zur Speicherung, zur Wiedergewinnung und zur Verknüpfung von Informationen" [Claus, 2006].

In einem Informationssystem werden Menschen (Kunden und Mitarbeiter) mit Daten versorgt. Diese müssen zur richtigen Zeit und am richtigen Ort sein. Die besondere Herausforderung für ein Informationssystem, welches mobile Abläufe unterstützen soll, ist, dass es eine Vielzahl an mobilen Endgeräten gibt, die nicht standardisiert sind und somit einen Kontrast bilden zu den größtenteils standardisierten Desktop-

18

PCs. Ein solches Informationssystem, welches nur mit Desktop-PCs und dessen Nutzern kommuniziert, ist als „stationär" zu bezeichnen, wohingegen ein IS, welches mit mobilen Endgeräte und dessen Nutzern kommuniziert den Zusatz „mobil" trägt und daher auch kurz als „MobIS" zu bezeichnen ist. [Schierholz, et al., 2007]

Ein MobIS muss die Hauptanforderung „richtige Daten zur richtigen Zeit am richtigen Ort" erfüllen, auch wenn seitens des Nutzers eine Unsicherheit des Ortes [Valiente, et al., 2002] vorliegt.

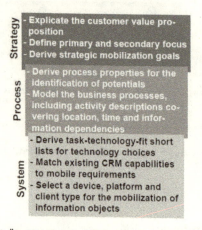

Abbildung 3.6: Überblick über die CRM-Mobilisierung [Schierholz, et al., 2007]

Eine Vorgehensweise, wie ein CRM zu „mobilisieren" sei, schlagen [Schierholz, et al., 2007] vor. Es wird zwischen drei Perspektiven unterschieden: Die Strategie-, die Prozess- und die System-Perspektive, siehe dazu Abbildung 3.6.

Bei der Strategie-Perspektive müssen generelle Zielsetzungen für das mCRM gesetzt und ein möglicher Kundennutzen quantifiziert werden. Das Management als höchste Entscheidungsinstanz muss dafür sorgen, dass das MobIS von der IT-Abteilung implementiert und gewartet wird. Ein Nutzen muss in Hinsicht auf die Kosten erkennbar sein. Wichtig ist hierbei die Absteckung der Ziele, wie im vorherigen Kapitel „Ziele des mobilen CRM" zu sehen.

Die Prozess-Perspektive dient zur Betrachtung von Potenzialen der Prozesse für das mCRM. Um solche mobilen Geschäftsprozesse zu analysieren und zu modellieren eignet sich die Methode des „Mobile Process Landscaping" [Köhler, et al., 2004]. Dort erfolgt eine systematische Entwicklung von Unterstützungsmöglichkeiten für mobile Prozesse. Während dieses Vorgangs werden Prozesse hinsichtlich ihrer Mobilität untersucht und es werden Mobile Mehrwerte ermittelt. Mit Hilfe dieser Analyse können mobile Geschäftsprozesse modelliert werden, die als Grundlage für die Integration in das MobIS dienen.

Innerhalb der System-Perspektive müssen Vorkehrungen für die Kommunikation des Informationssystems mit mobilen Endgeräten getroffen werden. Da die Darstellung auf mobilen Endgeräten limitiert ist, müssen Daten vorher aufbereitet werden, um angemessen genutzt werden zu können. Das XML-Format ist dabei als quasi-universelles Kommunikationsformat besonders hervor zu heben [Kurbel, et al., 2003]. Dabei müssen Daten in ein festes XML-Schema konvertiert werden, welche später mit Hilfe eines Parsers leicht wieder auszulesen sind.

In Bezug auf die Entwicklung und die Programmierung für mobile Anwendungen stehen laut [Bollmann, et al., 2010 S. 133f] folgende Programmiersprachen zur Verfügung:

- **Nativ** (z.B. C, C++ oder Objective-C) bietet hohe Performanz, da die Software bereits durch einen Compiler in Maschinensprache übersetzt wurde.
- **Java** bietet hingegen ein hohes Maß an Portabilität, da das Java-Programm in einer Sandbox einer Java Virtual Machine abläuft.
- **Browser-basierte Software** bietet die einfachste und portabelste Form, da auf Applikation im Netz zugegriffen wird. Dafür ist jedoch ein Online-Zugang nötig.
- **Widgets** (Web-Runtime-Applikationen, kurz WRT) bieten den Vorteil, dass die Software zwar im Browser ausgeführt werden, allerdings vorinstalliert werden können, was den Online-Zugang teils optional macht.

Die wichtigsten zu beachtenden Faktoren für die Programmierung für mobile Geräte sind: Performanz, Speicherplatz, Laufzeit, Stromverbrauch, Displaygröße, Stabilität der Verbindung, sowie Bandbreite und Kosten der Verbindung [Bollmann, et al., 2010 S. 138ff].

Da die mobile IT-Landschaft mannigfaltig und zunehmend komplexer wird, müssen Unternehmen dafür Sorge tragen, dass die Kommunikation zwischen mobilen Geräten und Back-Office-Systemen korrekt verwaltet wird. Eine klassische Lösung für dieses Kompatibilitätsproblem ist der Einsatz einer multifunktionalen Mobile Middleware Plattform [Amberg, et al., 2011 S. 110f]. Eine korrekte Integration aller Betriebsanwendungen, insbesondere derer mit mobilen Teilkomponenten in das Informationssystem, ist obligatorisch.

4 Die Perspektiven Kunde und Außendienst

4.1 Begriffsbildung des mobilen CRM

Die Recherche zum Thema „mobiles CRM" innerhalb der Literatur präsentiert ein durchaus heterogenes Resultat. Zum einen werden allgemeine Betrachtungsaspekte differenziert dargestellt. So wird der Fokus des Autors bzw. der Autoren stets auf einen bestimmten Bereich gesetzt. Beispiele für diese Differenzierung sind:

- Ziele und Erfolgsfaktoren (z.B. bei [Hartel, et al., 2006])
- Kontextsensitivität (zentrales Thema bei [Kriewald, 2007])
- Kontextsensitivität und Kundenakzeptanz (bei [Silberer, et al., 2008])
- Kundenzufriedenheit (z.B. bei [Hsu, et al., 2008] und [Chen, et al., 2007])
- Implementierung (z.B. bei [Schierholz, et al., 2007])

Zum anderen wird eine strikte Linie zwischen zwei dualistischen Betrachtungsperspektiven des mobilen CRM gezogen. Die meisten Autoren konzentrieren sich entweder auf eine direkte Kundenansprache oder die Außendienstunterstützung. Nur wenige Autoren behandeln ausführlich beide Gesichtspunkte.

21

In Tabelle 4.1 ist daher eine diesem Faktum entsprechende Einteilung der einschlägigen Literatur zu finden. In der ersten Spalte wird die Referenz der Quelle angegeben. Unter dieser Angabe sind Informationen über die Quelle im Literaturverzeichnis zu finden, auch wenn die Quelle kein zweites Mal in dieser Arbeit vorkommen sollte. In der zweiten und dritten Spalte ist jeweils eine Markierung zu finden, wenn diese Quelle eine oder beide Perspektiven des mobilen CRM behandelt.

Autorenreferenz	Direkte Kundenansprache	Außendienstunterstützung
[Barnes, et al., 2006]		x
[Benz, et al., 2003]		x
[Bulander, 2008]		x
[Camponovo, et al., 2005]		x
[Chen, et al., 2007]	x	
[Dastani, 2003]		x
[Duran, 2010]		x
[Grandjot, 2006]	x	
[Hampe, et al., 2002]	x	x
[Hartel, et al., 2006]		x
[Hsu, et al., 2008]	x	
[Ivancsits, 2006]	x	x
[Kriewald, 2007]	x	
[Lee, et al., 2007]	x	
[Liljander, et al., 2007]	x	x
[Lin, et al., 2005]	x	
[Morlang, 2005]	x	
[Pousttchi, et al., 2006]		x
[Rangone, et al., 2006]		x
[Ranjan, et al., 2009]	x	x
[Ritz, 2003]		x
[Scheer, et al., 2001]	x	
[Schierholz, 2007]	x	x
[Schierholz, et al., 2007]	x	x
[Silberer, et al., 2007]	x	x
[Sinisalo, et al., 2007]	x	
[Sinisalo, et al., 2005]	x	
[Turowski, et al., 2004]	x	
[Unnithan, et al., 2007]		x
[Valsecchi, et al., 2007]		x

Tabelle 4.1: Überblick über die Literatur zum Thema mCRM. Kombination beider Quellen: [Houy, et al., 2010 S. 129] und Sinisalo SK07 (Beide Quellen wurden bewusst aus der Tabelle herausgelassen)

Der Begriff des mobilen CRM scheint zusammenfassend gesagt nicht klar definiert zu sein. In der Literatur besteht bezüglich dieses (noch relativ jungen) Untersuchungsobjektes kein völliger Konsens.

Immerhin ist eine grobe Einteilung in Kunden- und Mitarbeiterperspektive möglich. Daher wird in den folgenden Unterkapiteln auf diese beiden Hauptunterscheidungsmerkmale näher eingegangen.

4.2 Direkte Kundenansprache

Die Konvergenz von mobilem Internet und drahtloser Kommunikationstechnologien ermöglicht dem User das Konzept des „anytime anywhere" [Chan, et al., 2005]. Dies impliziert den Zugang zu Informationen für die Arbeit oder persönliche Interessen über das mobile Medium.

Nach [Sinisalo, et al., 2007] lassen sich folgende involvierte Charakteristika mobiler CRM feststellen:

- Der Zweck ist die Kommunikation, entweder einseitig oder interaktiv, zum Aufbau oder der Aufrechterhaltung von Kundenbeziehungen zwischen Unternehmen und seinen Kunden.
- Die Kommunikation bezieht sich auf Vertrieb, Marketing und Kundenservice-Aktivitäten, durchgeführt auf einem mobilen Medium, zwischen dem Unternehmen und dem Kunden.
- Die Kommunikation kann entweder das Unternehmen oder der Kunde einleiten.
- Die Kommunikation bezieht sich auf SMS (Short Message Service), MMS (Multimedia Service), JAVA-Anwendungen und -Browsing – Die Kommunikation, macht Unterschied zwischen den Sprach-Anrufen über Handy oder über das Festnetz-Telefon.
- Mindestens eine der in der Kommunikation tätigen Parteien muss ein Mensch sein und mittels des mobilen Mediums kommunizieren.
- Das mobile Medium ist als ergänzende Möglichkeit für CRM-Aktivitäten vorgesehen, anstatt als Ersatz des traditionellen Systems.

Dem Unternehmen eröffnen sich hierdurch vier grundsätzliche Möglichkeiten, um die Bindung zu ihren Kunden zu festigen:

- Personalisierter Inhalt und Service
- Nachverfolgen von Usern über das Medium und die Zeit hinaus
- Bereitstellung des Inhalts und des Services am „point of need"
- Bereitstellung von Inhalten mit ansprechenden Eigenschaften

Während die Aufzeichnung von kontextsensitiven Daten ein größtenteils automatischer Prozess ist, müssen Aktionen wie die Bereitstellung von Inhalten und Service von einer Partei angestoßen werden. Dazu werden zwei grundsätzliche Prinzipien unterschieden: Das Pull-Prinzip und das Push-Prinzip. Die Kommunikation kann entweder vom Client ausgehen (Pull-Prinzip) oder vom Server (Push-Prinzip).

Dies entspricht dem Punkt von Sinisalo et al. (siehe oben), dass die Kommunikation entweder durch das Unternehmen oder dem Kunden eingeleitet werden kann.

Das Anwendungsfeld der direkten Kundenansprache auf dem mobilen Medium ist auf drei betriebswirtschaftliche Funktionsbereiche der Unternehmung anzuwenden: Mobiles Marketing, Mobiler Vertrieb und Mobiler Service.

Mobiles Marketing

Durch die Ausweitung von Marketingmaßnahmen auf mobile Geräte kann die Reichweite für den Kundenkontakt maximiert werden. Dabei sind sowohl Werbemaßnahmen möglich, als auch die Bereitstellung von praktischen Informationen für den Kunden. Da Mobile Mehrwerte sinnvoll eingesetzt werden können, erreicht das Mobile Marketing eine im Gegensatz zum klassischen Marketing geringe Streuverlustquote und relativ niedrige Kosten relativ in Verbindung zur Wirkung [Holland, 2009 S. 91].

Die Verbreitung von individueller Werbung erfolgt mit dem Push-Prinzip. Als Beispiel könnten maßgeschneiderte Angebote dienen, die in Form einer SMS gesendet werden oder einem Newsletter per E-Mail. Die Bereitstellung von Informationen, etwa für Produkte oder Dienstleistungen, erfolgt über das Pull-Prinzip (vom Kunden initiiert) [Morlang, 2005 S. 214f].

Mobiler Vertrieb

Der Verkauf von Leistungen über das mobile Medium, und somit das Generieren von Umsätzen, stellt das eigentliche Ziel des Mobilen Vertriebs dar. Auf diesem Wege ordnet sich der Mobile Vertrieb dem Leitgedanken des Mobile Commerce zu. Während der Begriff Mobile Business auch innerbetriebliche Vorgänge und Prozesse einbezieht, fokussiert Mobile Commerce den Absatz von Waren und Dienstleistungen [Koster, 2002 S. 129].

Da mobile Endgeräte beispielsweise nur über relativ kleine Displays verfügen, eignen sich nicht alle Produkte, um im Rahmen des Mobilen Vertriebs, dem Kunden Informationen über Produkte zukommen zu lassen. Als Beispiel dienen etwa das direkte Herunterladen von Musik auf das mobile Endgeräte, die Mobile Gebotsabgabe bei Auktionshäusern oder eine Hotelbuchung per Handy [Morlang, 2005 S. 221]. Ein komplexer Produktkonfigurator für ein individuelles Automobil wäre auf Grund der Informationsdichte und des Platzproblems auf dem Handy ein Gegenbeispiel.

Der Mobile Vertrieb bildet eine Schnittstelle bzw. das Bindeglied zwischen Mobilem Marketing und Mobilem Service. Vor, während und nach dem Kauf muss der Kunde ständig bedient werden. Eine erhöhte Kommunikation mit dem Kunden erhöht auch die Kundenbindung und damit auch die Kundenzufriedenheit. Innerhalb des Mobilen Vertriebs könnte das Bereitstellen eines Mobilen Dienstes zur Abfrage des derzeitigen Auftragsstatus ein wichtiger Faktor für den Kunden sein.

Mobiler Service

Der Mobile Service ist eine Fortführung des Services auf mobilen Endgeräten. Dabei versteht man unter Service „[...] schwerpunktmäßig jene Bereiche, die der Nachverkaufsphase zugeordnet werden können" [Morlang, 2005 S. 225].

Mit Hilfe des Mobilen Service kann ein Unternehmen nach dem Kauf entweder vollautomatisch oder manuell Informationen für den Kunden bereitstellen. Dabei ist im Rahmen der Kostenreduktion solche Information besonders geeignet, die es dem Kunden erlaubt, sich Problemen mit Ware bzw. Dienstleistung selbst zu stellen. Beispielsweise können Handbücher und FAQs dazu führen, dass Kunden durch Customer Self Care bzw. Customer Self Service [Englert, et al., 2000] keinen persönlichen Kontakt zum Unternehmen aufnehmen müssen. Durch Push-Services können Unternehmen Kundenärger im Vornhinein vorbeugen, indem sie frühzeitig über Änderungen (beispielsweise verspätete Flüge oder eine Rückrufaktion bei Automobilen) informieren. Ein Problem wird dann häufig nicht mehr in Form von Beschwerden auf das Unternehmen projiziert, denn immerhin war das Unternehmen nur der Überbringer einer schlechten Neuigkeit, die es wert war früh zu erfahren.

In der Ausprägung des Push-Prinzips gilt es für das Unternehmen einiges zu beachten. Auf der einen Seite besteht zwar ein hohes Nutzenpotential bei der Hinzunahme des mobilen Endgerätes als Medium zur direkten Kundenansprache. Andererseits besteht auch die Gefahr der Reaktanz auf Seiten des Kunden, wenn dieser eine nicht erwünschte Nachricht empfängt.

Kundenkosten (monetäre und nicht-monetäre)	
Monetäre Kosten	Übertragungsentgelte (Gebühren)
	Empfangsressourcen (z.B. Faxpapier)
	Kosten einer Abbestellung (Gebühren)
Persönliche Kosten	Blockade von Empfangskanälen
	Störung der Privatsphäre
	- Unterbrechung durch Empfang
	- Zeitaufwand der Betrachtung
	- Zeitaufwand der Bearbeitung
	Aufwand der Löschung
	Aufwand einer Abstellung
Technischbedingte Kosten	Verwendung von Speicherplatz
	Blockade von Sendekapazitäten
	Batterieverbrauch

Abbildung 4.1: Empfangsbezogene Kundenkosten [Morlang, 2005 S. 190]

Auf Abbildung 4.1 ist hierzu eine Aufstellung der monetären und nicht-monetären Kundenkosten dargestellt. Das Unternehmen muss darauf achten, dass die potentiellen Kundenkosten niedriger als der Nutzen für den Kunden sind. Falls dem Kunden ein Service des Unternehmens nicht gefällt (z.B. ein Newsletter) muss der Kunde sich die Mühe machen, den Newsletter abzubestellen. Erschwerend hinzu kommt, dass bei mobilen Geräten oft ein Mediencut entsteht, wenn z.B. eine SMS einen Link zu einer Website enthält [Holland, 2009 S. 89], den der Kunde erst aufrufen muss, um den Service zu betrachten. Nachrichten per SMS oder E-Mail werden auch oft als Spam eingestuft, was die Akzeptanz der Unternehmensbemühungen unmöglich macht.

Es müssen also Überlegungen getroffen werden, wann, wie und wohin eine Nachricht verschickt wird [Morlang, 2005 S. 191]. Da es sich beim Push-Prinzip um ein vom Unternehmen ausgelöstes Ereignis handelt „[...] liegt das gesamte Risiko bezüglich des richtigen Zeitpunkts und der Informationsauswahl in der Hand des sendenden Unternehmens" [Holland, 2009 S. 89].

Besonders drei Dimensionen sind in diesem Zusammenhang zu differenzieren: Ort, Zeit und Format.

Ort

„Unter ‚Ort' wird der aktuelle und zukünftige Aufenthaltsort von Kunden verstanden" [Morlang, 2005 S. 192]. Das Wissen um den Ort des Nachrichtenempfangs ist für das sendende Unternehmen wichtig, um abschätzen zu können, ob der Kunde sich durch die Meldung gestört fühlen könnte. Er könnte sich bspw. gerade in einer Ruhezone (Zuhause, Freizeitort) befinden, in einer Bewegungszone (z.B. Bahnhof, Flughafen, Auto, etc.) oder in einer Aktivitätszone (z.B. Büro, Fabrikhalle, Supermarkt) [Morlang, 2005 S. 193].

Informationen über den Ort sind jedoch sowohl technologieabhängig als auch abhängig von der Datenpreisgabe des Nutzers. Sind Informationen vorhanden und dürfen diese verwendet werden, geschieht dies über Location Based Services (LBS), siehe Kapitel Kontextsensitivität.

Ein Unternehmen, welches diese Ortsdaten nutzen möchte, braucht nicht nur die Position des Nutzers, sondern auch das „Wissen um den Ort" [Morlang, 2005 S. 192], das bedeutet, dass Unternehmen vorher prüfen müssten, ob eine bestimmte Nachricht für diesen Kunden an diesem Ort sinnvoll und nützlich ist.

Zeit

Größtenteils unabhängig von kontextsensitiven Daten, wie der Ortsdaten, ist die Dimension der Zeit. In diesem Kontext wird unter Zeit der Zeitpunkt verstanden, wenn eine vom Unternehmen gesendete Nachricht beim Kunden ankommt.

Falls dieser Zeitpunkt für das Verschicken eine Rolle spielt, spricht man auch von „Situation-Based Services" [Pippow, et al., 2002]. Es könnte sich dabei um Nachrichten handeln, die entweder sofort (zeitkritisch) oder irgendwann (nicht zeitkritisch) geschickt werden sollen.

Als Beispiel sei eine Bank anzuführen, die einen Kunden nachts auf seinem Handy anruft. Falls das Depot einen kritisch-negativen Stand erreicht hat, mag der Kunde den Anruf zwar als störend aber wichtig ansehen. Andernfalls könnte sich der Kunde bei unwichtigen Gegebenheiten bei der Bank wegen dieses Anrufs zu später Zeit beschweren. „Bei zeitkritischen Leistungen wird dabei eine Durchbrechung von Zeitzonen Seitens des Unternehmens eher vom Kunden akzeptiert, als bei nicht dringenden Anwendungen" [Morlang, 2005 S. 195].

Es liegt also in der Aufgabe des Unternehmens herauszufinden, wann eine geeignete Zeit gegeben ist, um sich bei einem Kunden zu melden. Eine vorherige Einstufung in den Dringlichkeitsgrad ist dafür unerlässlich.

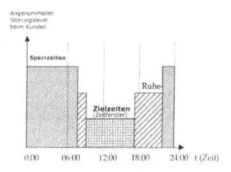

Abbildung 4.2: Zielzeiten der Kommunikation [Morlang, 2005 S. 196]

Eine exemplarische Bestimmung eines geeigneten Zeitfensters, bei dem der Störungslevel des Kunden erfahrungsgemäß niedrig sein sollte, findet sich in Abbildung 4.2. Eine aktive Kundenansprache außerhalb dieses Rahmens könnte den Kunden verärgern, da er sich vom Unternehmen gestört fühlt.

<u>Format</u>

Problematisch kann sich ebenfalls die Wahl des Kommunikationsformates zeigen. Die zunehmende Verbreitung von 3G-Technologien erübrigt zumindest die Begrenzung des Formates [Holland, 2009 S. 90], da bei Mobilfunkstandards der dritten Generation, wie bspw. UMTS, eine hohe Datenübertragung möglich ist und sich daher auch Nachrichten mit relativ großen Inhalt schnell senden und empfangen lassen. Dem gegenüber stehen allerdings die Kundenkosten, die darauf entfallen, die etwaig lange Nachricht lesen zu müssen.

Die Wahl des Nachrichtenformats ist dahingehend wichtig, da Kunden unterschiedlich auf verschiedene Formate reagieren. Auch wenn der Inhalt gleich ist, können signifikante Bedeutungseinstufungen beim Kunden erfolgen. Beispielsweise müssen Unternehmen beachten, dass die Antwortzeit für eine E-Mail länger als die auf einen konventionellen Brief beträgt [Morlang, 2005 S. 198]. Ähnliche Bedeutungsunterschiede lassen sich innerhalb der Gruppe der elektronischen Kommunikationsformate feststellen.

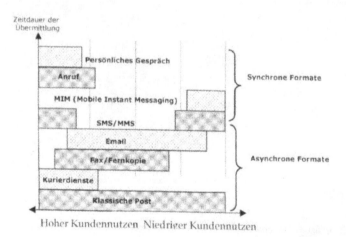

Abbildung 4.3: Sendeformate in Abhängigkeit von Nutzenwerten [Morlang, 2005 S. 199]

Bei der Wahl des Kommunikationsformates stehen zwei grundsätzliche Typen zur Auswahl. Das Unternehmen kann entweder direkt (synchron) oder zeitverschoben (asynchron) mit dem Kunden kommunizieren [Morlang, 2005 S. 74ff]. Typische Formate sind für synchrone Kommunikation Telefongespräche, Chats, VoIP und Instant Messaging (IM). Exemplarische Formate für Asynchronität sind Kurierdienste, klassische und elektronische Nachrichten (E-Mail), Faxe, Short Message Service (SMS), sowie Multimedia Message Service (MMS).

Abbildung 4.3 zeigt hierzu eine Einteilung von synchronen und asynchronen Formaten in die Dimensionen Kundennutzen und Übertragungszeit. Asynchrone Formate haben prinzipiell den Vorteil, dass sie schnell versendet werden können und daher weniger Kosten bezüglich des Zeitaufwandes bedeuten. Sie decken die üblichen Maßnahmen zum Kundenkontakt weitestgehend ab, während persönliche Kundengespräche z.B. per Anruf auf das Mobiltelefon hohe Kosten bedeuten und nur dann sinnvoll sind, wenn ein hoher Kundennutzen zu erwarten ist [Morlang, 2005 S. 199].

Zusammenfassend kann gesagt werden, dass sich ein Unternehmen, welches sich aktiv mit dem Kunden in Verbindung setzen möchte, um eine hohe Kundenbindung zu erzielen, grundsätzlich die Frage stellen muss, inwiefern zum einen dem Unternehmen selbst und andererseits dem Kunden Kosten entstehen und wie hoch der erwartete Kundennutzen ist. Die Frage nach Ort, Zeit und Format ist daher wichtig, weil mit der Beantwortung Kundenkosten erheblich gesenkt werden können und das Unternehmen dem Kunden positiv, helfend und sogar innovativ („auf der Höhe der Zeit") in Erinnerung bleiben könnte, was wiederrum eine erhöhte Kundenzufriedenheit bedeutet.

4.3 Unterstützung des Außendienstes

Mobiles CRM kann in seiner zweiten Betrachtungsvariante als Mittel zur Unterstützung des Außendienstes untersucht werden. Dafür werden der Außendienstperson verschiedene mobile Dienste bereitgestellt.

Diese Perspektive bietet weniger Gestaltungsmöglichkeiten als die direkte Kundenansprache, daher wird sie im Gegensatz zum vorherigen Kapitel weniger ausbreitend dargelegt. Grundsätzlich sollte ein mobiles CRM für den Außendienst die grundsätzlichen Funktionen eines klassischen CRM bereitstellen.

Nach [Silberer, et al., 2008] sind folgende Bestandteile von mCRM möglich:

- **Trackingdienste**: Ortung von Mitarbeitern
- **Navigationsdienste**: Der Weg zum nächsten Kunden
- **Informationsdienste**: Informationen zum Stand der Auftragsbearbeitung
- **Kommunikationsdienste**: Abstimmung zwischen Mitarbeitern
- **Unterhaltung**: Bereitstellung der neusten Werbeclips
- **Transaktionsdienste**: Mobile Auftragsannahme

Da auch von [Benz, et al., 2003] eine ähnliche Kategorisierung vorgenommen wurde, lässt sich an Hand beider Quellen eine Kombination herstellen, siehe Abbildung 4.4.

Verkaufsunterstützung (Informations- und Transaktionsdienste, Unterhaltung)

- Produktkatalog
  - o Preisinformationen
  - o Werbeclips
  - o Verfügbarkeit
- Angebotserstellung
  - o Individualisierung
  - o Produktkonfiguration
- Auftragserfassung
  - o Wandlung Angebot zu Auftrag
  - o Übernahme in ERP-System
  - o Elektronische Zeitschrift

Gruppenarbeit (Kommunikationsdienste)

- Kalender
- Aufgabenliste
- Ablage und Recherche von Dokumenten

Administrative Aufgaben

- Fahrtenbuch
- Besuchsberichte
- Spesenabrechnung
- Zeiterfassung

Kontaktmanagement (Informationsdienste)

- Firmen- und Personendaten
- Kontaktverfolgung
- Letzter Auftrag
- Auftragstracking
- Kundendienstanfrage

Mobilitätsfunktionen (Tracking- und Navigationsdienste)

- Routenplanung
- Tourenplanung
- Ortung des Mitarbeiters

Abbildung 4.4: Außendienstfunktionen eines mCRM-Systems (vgl. auch [Benz, et al., 2003 S. 23] und [Grandjot, 2006 S. 124])

Wie im Kapitel „Mobilisierung des CRM" eingeführt, erfolgt im mobilen CRM eine Aufsplittung der stationären Geschäftsprozesse in Teilprozesse, die teils mobil und teils immobil sind. Diese Aufteilung lässt sich am leichtesten an Hand eines Beispiels zeigen, in dem der Außendienst räumlich losgelöst mit einem Versicherungsunternehmen kommuniziert. Diese Situation ist in Abbildung 4.5 mit Hilfe eines Petri-Netzes dargestellt. Für die Modellierung würden sich genauso gut ereignisgesteuerte Prozessketten eignen.

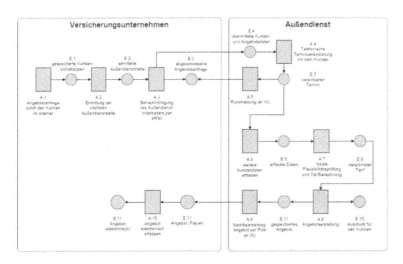

Abbildung 4.5: Die räumliche Verteilung von Teilprozessen im Außendienst [Köhler, et al., 2004]

In der Abbildung wird exemplarisch ein Vertriebsprozess eines Versicherungsunternehmens dargestellt. Der Außendienst spielt bei diesem Prozess eine zentrale Rolle. Es handelt sich um eine Angebotsanfrage eines Kunden an das Versicherungsunternehmen. Diese Anfrage wird im späteren Verlauf durch den Außendienst weiter bearbeitet.

Der Prozess beginnt mit dem Eintreffen der Angebotsnachfrage im Innendienst des Versicherungsunternehmens. Auf Basis der Kontaktdaten des Kunden, insb. der Adresse, wird eine geeignete Außendienststelle ermittelt. Nachdem die Außendienststelle informiert und mit den nötigen Daten per E-Mail versorgt wurde, wechselt der Prozess von der Innenperspektive in die Außenperspektive.

Ein Außendienstmitarbeiter fährt, nachdem ein Termin mit dem Kunden vereinbart wurde, zu ihm und erfasst weitere Kundendaten mit Hilfe seines mobilen Endgerätes. Auf diesem Endgerät könnten sich bspw. alle wichtigen Produktdaten und Anschauungsmaterial befinden, welche dem Kunden präsentiert werden.

Daraufhin wird ein Tarif berechnet und dem Kunden ein individuelles Angebot erstellt. Nachdem der Außendienstmitarbeiter wieder an seine Dienststelle zurückgekehrt ist, kann er alle Angebotsdaten von seinem mobilen Endgerät auf seinen Desktop-PC übertragen, falls er dies nicht zuvor drahtlos erledigt hat. Er fertigt einen Ausdruck des Angebotes einerseits für den Kunden und andererseits für das Versicherungsunternehmen an. Sobald das Angebot sowohl in ausgedruckter als auch elektronischer Form vorliegt, kann es als Grundlage für weitere Bearbeitungsprozesse dienen.

Bei diesem Szenario sind nach [Köhler, et al., 2004] einige Probleme vorstellbar:

- Sobald die Erstellung der Versicherungspolice erfolgt ist, könnte es sein, dass die Tarifauskunft seitens des Außendienstmitarbeiters nicht mit der tatsächlichen Prämie der Police übereinstimmt. Grund dieses Fehlers könnten nicht aktuelle Tarifdaten auf dem mobilen Endgerät des Mitarbeiters sein. Dieser Vorfall könnte eine Kulanzregelung bedingen oder den Kunden im schlimmsten Falle derart verärgern, dass er die Versicherung wechselt. Um dem vorzubeugen, müssen Daten immer aktuell gehalten werden.
- Die Nachbearbeitung des Kundengespräches, die Versendung der Angebotsunterlagen an beide Seiten, Versicherung und Kunde, und die erneute Erfassung der Versicherungsdaten beim Unternehmen können lange Bearbeitungszeiten bedeuten.
- Während des ständigen Versendens und Neuverfassens von Daten im System können Fehler und Datenverluste entstehen. Die Folge wären Übertragungsfehler wegen Medienbrüchen, die es durch ständige Kontrolle zu minimieren gilt.

Diesen potentiellen Problemen ist durch eine angemessene Organisation zu entgegnen, damit negative Folgen die zuvor positiven Effekten nicht aufheben.

5 Mobiles CRM in Unternehmen

Dieses Kapitel beschäftigt sich mit dem praktischen Einsatz von mobilem CRM in Unternehmen. Auf Grund der generell theoretischen Ausrichtung dieser Arbeit werden im Folgenden nur kurz exemplarische Applikationen vorgestellt. Danach folgt eine Ergebnispräsentation einer Umfrage über den Einsatz von mobilem CRM in europäischen Unternehmen.

Salesforce Mobile ist eine iPhone Applikation, die für Salesforce.com Nutzer kostenlos ist und einen Zugang zum Salesforce Benutzerkonto gestattet. Die Funktionen sind frei einstellbar und somit bietet die Applikation freie Hand zum Customizing. Es werden Filter und Suchmechanismen zur Verfügung gestellt, um schnell wichtige Informationen zu finden. Zu den Features gehören die üblichen CRM-Merkmale und eine Kommunikationsplattform zu anderen Nutzern. [Salesforce]

SugarCRM Mobil bietet im Vergleich zu Salesforce Mobile eine größere Bandbreite an verschiedenen Plattformen an, so sind Browserzugriff, Blackberry, Android oder iPhone möglich. Die Applikation ermöglicht einen leichten Zugriff auf Kundeninformationen und gestattet es dem Nutzer, Gespräche, die auf dem Smartphone geführt wurden, aufzuzeichnen. [SugarCRM]

 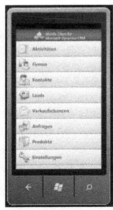 

Abbildung 5.1: Screenshots verschiedener MS Dynamics CRM Mobile Lösungen [Microsoft]

Microsoft Dynamics CRM Mobile ist ein Bündel von Lösungen für einen mobilen Zugriff auf Microsoft Dynamics CRM. Je nach Lösung der verschiedenen Geschäftspartner können prinzipiell mit jeder Art mobiler Endgeräte auf das CRM-System zugegriffen werden. Auch hier gibt es Personalisierungsoptionen, eine Abstimmung auf das jeweilige Unternehmen, einen schnellen und unkomplizierten Zugriff auf Kundendaten und anderen Funktionen des CRM. [Microsoft]

Auf Abbildung 5.1 sind Screenshots zu MS Dynamics CRM Mobile zu sehen. Größtenteils besitzen auch andere mCRM-Lösungen in etwa die Menüeinträge, die im klassischen CRM auch zu finden sind und fügen dem Muster eigene Funktionen hinzu.

Die obige Aufstellung von mobilen CRM Lösungen ist, wie bereits geschrieben, rein beispielhaft, denn der Markt für mobiles CRM ist bereits am Wachsen. Auch viele namhafte Softwarehersteller wie SAP, Oracle und Sybase bieten solche Lösungen bereits an.

Um den tatsächlichen Nutzeffekt von mobilem CRM im Praxiseinsatz zu ermitteln, gibt es entsprechende Studien über dieses Thema. Im Weiteren wird auf die Studie von Forrester Research aus dem Jahre 2009 Bezug genommen (siehe [Forrester, 2009]). In dieser Studie wurden 1.005 Firmen in Europa über ihre Erfahrungen mit mobilem CRM befragt. Das Ergebnis war, dass die Zielsetzungen erfüllt wurden. So sagt die Studie aus, dass z.B. die Punkte Produktivität, Kundenzufriedenheit und Effektivität der Geschäftsprozesse verbessert worden sind. Die Mehrheit der Befragten spricht sich positiv zu mobilem CRM aus und würde es anderen Unternehmen empfehlen (70% der Befragten).

Die Einführungszeit von oft 2 bis 6 Monaten kann als ein leicht zu akzeptierender Punkt angesehen werden. Manche Unternehmen implementierten das mobile CRM sogar in weniger als 8 Wochen (38% der Befragten). Dagegen stellten die Angst vor erheblichen Kosten und Bedenken zur Datensicherheit im Vorhinein weit größere Hindernisse dar. Mit einem Prozentwert von 47% präferierten die befragten Unternehmen bei der Einführung des Systems die Kombination aus externen und internen Ressourcen, um Kosten und Qualität im Gleichgewicht zu halten.

6 Mobile Sicherheit

6.1 Sicherheitsprobleme und Lösungskonzepte

6.1.1 Malware

Unternehmen, welche das Potential mobiler Anwendungen, wie dem mCRM, erkannt haben und sich auf der Basis der neuen, mobilen Technologien einen Wettbewerbsvorteil erhoffen, müssen gleichermaßen auf die Einsatzpotentiale der Geräte, aber auch auf die Bedrohungspotentiale seitens externer Angreifer achten.

Neben den Angriffen aus dem Netzwerk, welche nachfolgend behandelt werden, ist in erster Linie die Bedrohung durch Malware bzw. Schadprogramme zu nennen. Dabei fallen unter den Begriff der Malware schadhafte Software wie Viren, Trojaner, Spyware, Logic Bombs und andere Typen solcher Art, die einen Computer befallen können [Friedman, et al., 2008]. Mobile Endgeräte sind teilweise besonders gefährdet, da für sie neue, angepasste Malware konzipiert wird und Unternehmen oft noch nicht auf diese neue Bedrohung eingestellt sind.

Zwei Definitionen sollen die Begriffe „Virus" und „Trojaner" spezifizieren, bevor im Weiteren über ihre Gefährlichkeit für mobile Endgeräte gesprochen wird.

Die Definition des Begriffs Computervirus erfolgt analog zu biologischen Viren: *„Ein Computervirus ist eine Befehlsfolge, die ein Wirtprogramm zur Ausführung benötigt. Viren sind zur Reproduktion fähig. [...] Zusätzlich zur Fähigkeit zur Reproduktion enthalten Viren in der Regel einen Schadanteil. Dieser kann unbedingt oder bedingt durch einen Auslöser aktiviert werden"* [Eckert, 2009 S. 53].

Ebenfalls einer Analogie folgend leitet sich die Leitidee eines Trojaners von seinem historischen Vorbild, dem Trojanischen Pferd als Sinnbild für das unentdeckte Eindringen in ein fremdes System ab:

„Ein Trojanisches Pferd (auch Trojaner genannt) ist ein Programm, dessen implementierte Ist-Funktionalität nicht mit der angegebenen Soll-Funktionalität übereinstimmt. Es erfüllt zwar diese Soll-Funktionalität, besitzt jedoch eine darüber hinausgehende, beabsichtigte zusätzliche, verborgene Funktionalität" [Eckert, 2009 S. 71].

Vergleichbar zu Betriebssystemen stationärer Computer (Windows vs. Linux und Co.) lässt sich bei mobilen Computern ebenfalls erkennen, dass Programmierer von Schadsoftware häufig speziell diese Plattform in Angriff nehmen, die besonders hohe Marktanteile besitzen. So häuft sich seit Mitte 2010 die Anzahl mobiler Malware, die für Symbian und Android konzipiert sind. Dagegen werden kaum neue Programme gegen Microsofts WinCE verbreitet (vgl. [Maslennikov, 2011]). Auffallend ist ebenfalls, dass bei Smartphones besonders Trojaner verbreitet werden, wogegen Viren seltener werden.

Exemplarisch zu nennen ist bspw. der Handy-Virus „Commwarrior-A", der nur das Betriebssystem Symbian 6.0 befiel und besonders dadurch auffiel, dass er sich mittels Multimedia Message Service (MMS) via Bluetooth auf andere Handys in der Umgebung verteilte [Eren, et al., 2006 S. 475]. Entwickler von Viren für mobile Endgeräte haben jedoch (im Gegensatz zu stationären Desktops) mit dem Problem der Mannigfaltigkeit von Betriebssystemen und Betriebssystemversionen zu kämpfen.

Im Gegensatz zu Viren, die dem Entwickler keine monetären Anreize bieten könnten, ist dies bei Trojanern tatsächlich möglich. Auf mobilen Endgeräten können bspw. SMS oder Anrufe zu kostenpflichtigen Nummern erfolgen, welche vom Besitzer des Gerätes bezahlt werden, es besteht also ein direkter Zugriff auf fremdes Geld (vgl. [Maslennikov, 2011]).

Unternehmen sollten sich nicht nur mit allgemeinen Besonderheiten mobiler Endgeräte und deren Gefahren, sowie Sicherheitslösungen kümmern, sondern sich auch insbesondere mit den Spezifika der genutzten Plattform beschäftigen. Eine sehr detaillierte Betrachtung von Android, Symbian, Apple und Co. findet sich etwa bei [Dwivedi, et al., 2010].

6.1.2 Angriffe aus dem Netzwerk

Auch aus den Netzwerken, mit denen sich das mobile Endgerät verbindet, drohen dem Nutzer zahlreiche Gefahren, ohne dass ihm dieses Ausmaß bewusst sein könnte. Da die Arten an verschiedenen Netzen, insbesondere der unterschiedlichen Mobilfunknetze, groß und heterogen sind, erscheint es im Rahmen dieser Arbeit nicht sinnvoll, explizit auf jeden Netztypus detailliert einzugehen. Stattdessen sollen allgemeine Bedrohungen aus Netzwerken kurz beleuchtet werden.

Ein Angreifer versucht im Generellen, an mindestens einem Eckpfeiler der IT-Sicherheit zu rütteln. Dessen drei Schutzziele sind in erster Linie: Vertraulichkeit, Integrität und Verfügbarkeit [Eckert, 2009 S. 6ff] .

Will ein Angreifer eine Kommunikation, z.b. zwischen dem Client (Mitarbeiter) und dem Server (Unternehmen), belauschen, kann er bestehende Sicherheitsschwächen der benutzten Übertragungstechniken ausnutzen. Eine solche Sicherheitsschwäche könnte dadurch entstehen, dass die Verschlüsselung der Nachricht mittels eines zu kleinen Schlüssels erfolgt. Ein Schlüssel wird in der Kryptografie zwingend benötigt, um Nachrichten geheim zu halten. Falls ein Angreifer die Möglichkeit hat, in absehbarer Zeit den Schlüssel durch ausprobieren zu erraten, könnte er durch diese Brute-Force-Attacke (Angriff durch Ausprobieren aller Kombinationen) Einsicht in die Nachrichten nehmen. [Eren, et al., 2006 S. 150f]

Kann sich der Angreifer dem anzugreifenden mobilen Endgerät weit genug nähern, erhöht sich dessen Erfolgsaussichten auf einen Angriff sehr, wenn Techniken wie etwa Bluetooth aktiv sind [Wilfing, et al., 2002 S. 282]. Probleme von Bluetooth könnten u.a. sein, dass sie im Discoverable Mode (sichtbar für jeden) sind und Angreifer einen Bluesnarf-Angriff starten können, indem er unberechtigt eine Verbindung zu diesem Gerät über Bluetooth aufbaut [Eren, et al., 2006 S. 246+280f].

Es gibt auch WLAN-Angriffe dieser Art, nämlich Snarfing-Angriffe und Phising-Angriffe [Abu-Nimeh, et al., 2006]. Ein Mitarbeiter könnte sich bspw. gerade auf einem Flughafen befinden und sich zu einem WLAN-Hotspot verbinden wollen. Dieser virtuelle Hotspot ist allerdings vom Angreifer erstellt, der entweder Benutzername und Passwort klauen möchte (Phishing) oder die Kommunikation zwischen Mitarbeiter und dem richtigen Hotspot überwacht (Snarfing).

Allgemein nennen sich solche Angriffe wie das Snarfing „Man-in-the-middle"-Attacken, da sich der Angreifer logisch „zwischen" mobilem Endgerät und z.B. einem WLAN-Hotspot befindet [Eren, et al., 2006 S. 167].

Angriffe auf die Verfügbarkeit von mobilen Diensten eines Unternehmens, wie z.B. dem Denial-of-Service [Eckert, 2009 S. 113], können dem Angreifer dann dienlich sein, wenn er möchte, dass Kunden oder Mitarbeiter mobile Dienste des Unternehmens zeitweilig nicht mehr nutzen können. Einem Unternehmen können durch den Ausfall dieser Services enorme Kosten entstehen.

6.1.3 Mitarbeiter als Sicherheitsrisiko

Laut einer Studie von 2011, in der das Marktforschungs- und Beratungsunternehmen IDC eine Umfrage unter 202 deutschen Unternehmen durchführte, die mehr als 100 Mitarbeiter beschäftigten, wurde festgestellt, dass nicht die mobilen Geräte im Fokus der IT-Sicherheit stehen, sondern die Nutzer [IDC, 2011].

Das schwächste Glied in der IT-Security-Kette seien somit die Mitarbeiter, die das mobile Endgerät bedienen. 50% der befragten Unternehmen sahen die größte Schwachstelle im menschlichen Faktor. Als Hauptbedrohungen gelten daher das geringe Sicherheitsbewusstsein, sowie unabsichtliches und vorsätzliches Verhalten des Mitarbeiters im Umgang mit dem mobilen Endgerät.

Im Hinblick auf Mitarbeiterfehlverhalten wurden von Kelton Research und IDG Research zwei Umfragen (u.a. zu finden bei [TechRepublic, 2009]) durchgeführt, die aufschlüsseln, welche Sicherheitsfehler Mitarbeiter tatsächlich begehen.

Die erste Studie, von Kelton Research, die durch eine Mitarbeiterbefragung entstand, stellt eine Auflistung von Fehlverhalten aus Sicht der Nutzer dar. Neben privaten Aktivitäten, wie dem Herunterladen von persönlichen Bildern und Videos, wurden oft auch höchst kritische Punkte genannt. So wurden Websites besucht, die auf einer Blacklist standen (25%), Sicherheitseinstellungen verändert (24%) oder sogar blockiert (23%). Am häufigsten wurde der Punkt genannt, dass Daten unerlaubt auf einen USB-Speicherstick gespeichert wurden.

Die zweite Studie, von IDG Research, stellt die Sicherheitsprobleme aus der Sicht der CIOs dar, die über die Frage Aufschluss geben, was mobile Mitarbeiter mit mobilen Endgeräten getan haben. Das Ergebnis zu dieser Umfrage ist auf Abbildung 6.1 zu sehen. Wie bei der zuvor genannten Studie wurden Punkte genannt, die sich aus dem unabsichtlichen und absichtlichen Aussetzen von Sicherheitsbedrohungen zusammensetzen.

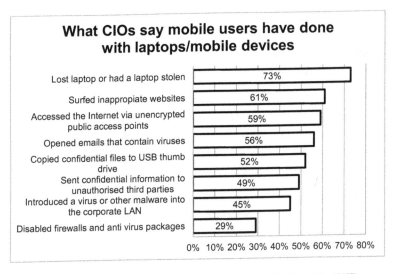

Abbildung 6.1: Sicherheitsbedenkliches Fehlverhalten (vgl. [TechRepublic, 2009])

Zu den absichtlichen Punkten gehören hier das Abschalten von Sicherheitssoftware, wie Firewalls und Antivirus (29%), das Versenden von Firmeninternen Daten zu Drittparteien (49%), das Speichern von vertraulichen Daten auf USB-Speichersticks (52%), der Zugang über ungesicherte Netzwerke (59%) und an oberster Stelle das Surfen auf nicht-angebrachten Websites (61%).

Zu den eher unabsichtlichen Handlungen der mobilen Mitarbeiter gehören die folgenden Punkte: Das Einschleppen von Schadsoftware in das Unternehmensnetzwerk (45%) (wobei dies auch absichtlich geschehen kann), das Öffnen von virenbehafteten E-Mail Anhängen (56%), sowie der Verlust des Gerätes, entweder durch Verlieren oder Diebstahl (73%).

Wie aus dieser Statistik zu erkennen ist, bedeutet der Verlust des mobilen Endgerätes das größte Problem im Hinblick auf mobile Mitarbeiter.

Diese Einschätzung von CIOs wird durch zahlreiche Statistiken über den Verlust von mobilen Endgeräten an kritischen, hektischen Orten bekräftigt. So veröffentlichte das Ponemon Institut 2008 eine Studie über den Verlust und den Fund von Laptops an Flughäfen. Laut dieser Studie [Ponemon, 2008] werden pro Woche in 7 größten Flughäfen Europas rund 3.400 Laptops verloren. Als häufigste Gründe für den Verlust geben europäische Fluggäste an, dass sie eine hohe Hektik empfinden und dabei zu viel Gepäck mit sich führen (jeweils von jedem Zweiten als Grund angeführt), außerdem dass sie sich sehr über das Warten auf Flüge ärgern und dabei unvorsichtiger werden (44%).

Die Studie führt weiter an, dass die Daten auf den verlorenen Geräten häufig hochsensibel und vertraulich sind. So geben 49% der europäischen Fluggäste an, dass sich auf ihren Laptops vertrauliche Daten befanden, und dass nur 48% ein Backup ihrer Daten gemacht haben. Insgesamt haben nur 45% Schritte unternommen, um die wichtigen Daten hinreichend zu schützen.

Allgemein wird der Verlust des mobilen Endgerätes als Worst-Case-Szenario verstanden: „Der Verlust der darauf gespeicherten Daten ist meistens gravierender als der materielle Verlust" [Eren, et al., 2006 S. 471].

Ist ein Dritter im Besitz eines solchen mobilen Endgerätes, kann er entsprechende Schritte einleiten, um Einblick in die darauf befindlichen Daten zu nehmen.

Mögliche Angriffsszenarien auf ein mobiles Endgerät, welches sich bereits im Besitz des Angreifers befindet, wären der Maskierungsangriff, das Ändern des Codes oder das Umgehen des Authentifikationsprozesses [Eckert, 2009 S. 184]. Für Ersteres, den Maskierungsangriff, findet sich im Anhang A ein s.g. Bedrohungsbaum, der den Ablauf solch einer Prozedur skizziert. Im einfachsten Falle kann sich der Angreifer das mobile Endgerät durch Finden oder Diebstahl aneignen, sich, falls kein Passwortschutz o.ä. vorliegt, direkt einloggen, und sofort auf sensible Daten zugreifen.

6.1.4 Allgemeine Gegenmaßnahmen

Um die potentiellen Gefahren, die in den vorherigen Kapiteln skizziert wurden, angemessen zu bekämpfen, werden in diesem Kapitel bekannte Sicherheitslösungen für den mobilen Bereich beschrieben. Größtenteils sind diese Lösungen im Desktopbereich bereits weit verbreitet und lassen sich oftmals auf mobilen Endgeräten ebenfalls schon einsetzen.

Allgemein lassen sich diese Sicherheitslösungen in die beiden Bereiche technisch und nicht-technisch klassifizieren. Zunächst werden die technischen Lösungen beschrieben.

Technische Gegenmaßnahmen

Drei überaus wichtige technische Lösungen sind Programme, die auf dem mobilen Endgerät installiert sein müssen: Antiviren-Software, Personal Firewall und Verschlüsselungssoftware. Sie gehören zu dem „minimum set of defenses for laptops" [Friedman, et al., 2008], nicht nur für Unternehmen.

Aktuelle Antiviren-Software ist ein wichtiges Mittel gegen Malware. Da Viren durch individuelle Muster im Code zu erkennen sind, nutzen Viren-Scanner diese Merkmale aus, um gezielt nach ihnen zu suchen. Sie „verwalten umfangreiche Datenbanken mit Kennungen bekannter Viren, sowie mit Regeln, die u.a. festlegen, welche Dateien bzw. Dateitypen [...] auf Viren zu überprüfen sind" [Eckert, 2009 S. 64]. So kämpfen Antiviren-Programme gleichzeitig auch gegen andere Formen von Malware, wie z.B. Trojaner (siehe Kapitel Malware).

Wichtig vor allem für den Bereich Netzwerkkommunikation ist der Einsatz einer Personal Firewall. Die Techniken einer Firewall sind allgemein ausgedrückt intelligente Filtermechanismen [Eren, et al., 2006 S. 189]. Eine Firewall hat „die Aufgabe, durch Kontrollen und Filterungen von Datenpaketen die Weiterleitung solcher Pakete zu verhindern, die eine mögliche Bedrohung für die Daten und Komponenten eines Netzsegments bedeuten könnten" [Eckert, 2009 S. 700].

Um die Auswirkungen des Verlustes eines mobilen Endgerätes in Grenzen zu halten und ihn im besten Falle auf den Wert des Gerätes zu beschränken, müssen Maßnahmen getroffen werden, damit die Daten verschlüsselt und somit für Dritte nicht einsehbar sind. Eine bloße Absicherung bei der Anmeldung beim Start des Gerätes ist nicht völlig sicher, da theoretisch das Betriebssystem umgangen werden kann und direkter Zugriff auf die Daten erfolgen könnte. Die Lösung lautet daher Dateiverschlüsselung. Bei diesem Verfahren werden Dateien in Containern verschlüsselt gespeichert und nur während der Benutzung dieser Daten entschlüsselt [Eckert, 2009 S. 664f]. Problematisch ist, wie bei jedem passwortgeschütztem System, dass es dem Nutzer obliegt, sich das Passwort zu merken.

Komplettpakete für u.a. diese drei wichtigen technischen Sicherheitslösungen sind z.B. zu finden bei Kaspersky Lab [Kaspersky] und F-Secure [F-Secure].

Eine effektive Möglichkeit zur Vermeidung von Gefahren aus dem Netzwerk ist das Nutzen eines VPN (Virtual Private Network). Es wird ein Tunnel zwischen z.B. Mitarbeiter-Client und Unternehmens-Server oder auch zwischen zwei Clients erzeugt und somit ein privates Netzwerk erzeugt, welches vor Gefahren von außen geschützt ist [Eren, et al., 2006 S. 187f]. Falls kein VPN eingesetzt wird, kann zumindest dafür gesorgt werden, dass Kommunikationstechniken immer dann ausgeschaltet werden, wenn diese nicht gebraucht werden, wie z.B. Bluetooth und WLAN [Bollmann, et al., 2010 S. 117].

<u>Nicht-technische Gegenmaßnahmen</u>

Der erste und wichtigste Schritt zu effektiven Abwehr der Sicherheitsgefahren ist die Schulung der mobilen Mitarbeiter. Dafür müssen Sicherheitsrichtlinien seitens des Unternehmens konkret festgelegt und den Mitarbeitern präsentiert werden, bevor sie eingesetzt werden können [Friedman, et al., 2008]. Folgende Punkte müssen dabei angesprochen und erklärt werden:

- Usernamen, Passwörter und Authentifikationsmethoden
- Der Umgang mit Datenverschlüsselung, VPN und Sicherheitsprogrammen
- Welche Hardware und Software eingesetzt werden dürfen
- Unter welchen Umständen neue Software heruntergeladen werden darf
- Welche Informationen angesehen, gespeichert und versendet werden dürfen

Ergänzt werden diese Punkte von Friedman et al. durch WLAN-Policy-Regelungen der NIST (National Institute of Standards and Technology). Unter anderem lassen sich folgende Regelungen aufstellen (zitiert von [Eckert, 2009 S. 895]):

- Eine Regelung, welcher Mitarbeiter die WLAN-Technologie in dem Unternehmen nutzen darf,
- Eine Regelung, ob ein Internet-Zugriff erforderlich ist,
- Eine Regelung, wer das Recht hat, Access Points zu installieren und zu konfigurieren.

Es lassen sich noch viele weitere Regelungen dieser Art aufstellen, denn die genannten Punkte waren rein exemplarisch und allgemein gehalten. Damit Sicher-
heitslinien eingehalten werden, ist es sehr wichtig, dass sie mit Mitarbeitern klar
abgesprochen werden. Die Sicherheitsrichtlinien müssen nicht nur verstanden, sondern auch akzeptiert und anerkannt werden. Nur so kann ein nötiges Maß an Sicherheit geschaffen werden, ohne dass der Mitarbeiter von Vorgesetzten durch Aus-
lesen der Daten seines mobilen Endgerätes zuzüglich kontrolliert oder sogar überwacht werden müsste.

6.2 Persönlicher Schutz für Kunden und Mitarbeiter

6.2.1 Identität

Die Nutzung mobiler Endgeräte bringt eine neue Diskussion über Privatsphäre und
Datenschutz mit sich. Diese beiden wichtigen Perspektiven der IT-Sicherheit basie-
ren auf dem Begriff der Identität. Denn nur mit einer vorherigen Auseinandersetzung
mit diesem Begriff kann ausgehend davon betrachtet werden, um wen es sich hinsichtlich von Privatsphäre und Datenschutz als zu schützende Person handelt.

Bei der Beschreibung der Identität des Nutzers des mobilen Endgerätes ist eine
Aufteilung in eine Idem-Identität und eine Ipse-Identität möglich, wie sie von
[Ricoeur, 1992] vorgestellt wurde. Die Begriffe sind dabei dem Lateinischen ent-
nommen:

- Die Idem-Identität beschreibt eine Person aus der Perspektive einer dritten
  Person.
- Die Ipse-Identität stellt die Beschreibung einer Person durch sich selbst dar.

Hinsichtlich des mobilen CRM wird die Idem-Identität aus den Informationen des
Analytischen CRM erzeugt und mit Einsatz des mobilen Endgerätes zu Unterneh-
menszwecken verwendet. Stimmen allerdings Idem- und Ipse-Identität nicht überein, hat also das Unternehmen einen völlig falschen Eindruck über den Kunden.
Dies kann dazu führen, dass sich der Kunde nicht als Adressaten für ein Produkt

oder eine Dienstleistung sieht [Royer, et al., 2006] und eine direkte Kundenansprache z.B. in Form einer E-Mail oder einer SMS schlichtweg sofort löscht.

Ein Unternehmen kann anhand von Logindaten, wie dem Benutzernamen, sehen mit wem es kommuniziert, also die Identität feststellen, allerdings nur auf Basis der Informationen, die der Nutzer von sich preisgibt. Sollte der Nutzer bereits in der CRM-Datenbank zu finden sein, können die mobilen Daten mit denen der Datenbank miteinander verknüpft werden. Ein Nutzer kann wiedererkannt und autorisiert werden, z.B. um Produkte zu ordern. Autorisierungen bspw. durch Username und Passwort können allerdings dann ein Problem werden, wenn das mobile Endgerät gestohlen wurde und sich der neue Besitzer unrechtmäßigen Zugang zu der Identität verschafft, sie böswillig nutzt und somit Identitätsbetrug begeht [Leenes, 2006].

Eine Identität ist mitunter ein komplexes Gebilde, welches in partielle Identitäten zerlegt werden kann [Royer, et al., 2006]. Dazu gehören die Identitäten im Privatleben und die im Berufsleben. So kann es entweder passieren, dass beide partiellen Identitäten auf dem mobilen Endgerät wiederzufinden sind (Privatkontakte plus Geschäftskontakte) oder nur jeweils eine von beiden.

Die erste Variante tritt bspw. dann ein, wenn ein Mitarbeiter von seinem Unternehmen ein mobiles Endgerät gestellt bekommt und es auch für private Zwecke benutzen darf. Privater und beruflicher Kontext verschwimmen dann [Royer, et al., 2006]. Kritisch wird bspw. für einen Außendienstmitarbeiter, der ein solches mobiles Gerät gestellt bekommen hat und damit dauerhaft für sein Unternehmen erreichbar ist, selbst dann wenn der Mitarbeiter bereits in den privaten Kontext gewechselt ist.

Wo der geschäftliche Kontext aufhört und wo der private beginnt, muss daher geregelt werden, insbesondere dann, wenn das Unternehmen theoretisch auf die privaten Daten zugreifen könnte und Einblick in die private Identität seines Mitarbeiters Einsicht nehmen könnte.

6.2.2 Privatsphäre und Datenschutz

Die Einhaltung der Privatsphäre und der Schutz von persönlichen Daten sind viel diskutierte Felder. Üblicherweise haben Unternehmen ein Interesse daran, besonders viele Informationen über ihre Kunden zu erlangen, um etwa im Rahmen des

CRM bzw. des mobilen CRM entsprechende Maßnahmen zur Kundenbindung einzuleiten. Kunden auf der anderen Seite möchten den Umgang ihrer personenbezogenen Daten kontrolliert wissen und mitbestimmen. Um diesen beiden Denkweisen angemessen regulierend begegnen zu können, müssen auf staatlicher Seite rechtliche Bestimmungen getroffen werden.

Bevor auf diese Gesetze näher eingegangen wird, soll an dieser Stelle die Schwierigkeit des Begriffs der Privatsphäre im realen Umfeld aufgezeigt werden. So ist es weitverbreitet, dass die rechtlich zu schützenden Bürger oftmals selbst nicht genau wissen, inwiefern sie ihre Privatsphäre geschützt haben wollen. Obwohl sie grundsätzlich gegen eine Veröffentlichung von personenbezogenen Informationen über sich selbst sind, findet widersprüchlich dazu des Öfteren eine freiwillige Veröffentlichung durch sie selbst statt.

Diese Thematik wird durch eine Studie von [Mancini, et al., 2009] über das soziale Netzwerk Facebook aus dem Jahre 2009 näher beleuchtet. Aufgabe der Studie war es, zu erkunden, wie Menschen im alltäglichen Leben bei der Nutzung von sozialen Netzwerken auf ihrem mobilen Gerät mit Angelegenheiten der Privatsphäre umgehen. Außerdem sollte betrachtet werden, wie Menschen darauf reagieren, wenn die Kontexte ihrer Aktivitäten, wie z.B. ihr Aufenthaltsort, offen gelegt werden.

Zu Beginn der Studie wurden Probanden gesucht, die sich dazu bereit erklärten, sich über den Zeitraum von drei Wochen bei ihren Aktivitäten auf Facebook beobachten zu lassen. Erstaunlich war bei der Probandensuche, dass sich niemand der potentiellen Versuchspersonen darüber beunruhigt zeigte, dass die Aktivitäten aufgezeichnet werden und später als Basis für Befragungen dienen sollten. Dagegen zeigten sich alle Probanden darüber unbehaglich, dass sie zusätzlich dazu auch direkt von einem Forscher beobachtet werden sollten, während sie übliche Aktivitäten ausführten. In vielen Fällen führte diese letzte Einschränkung dazu, dass manche Probanden absprangen. Die übrig gebliebenen Testteilnehmer sahen sich erst am Ende des Tests bei der Offenlegung und Besprechung ihrer aufgezeichneten Aktivitäten beunruhigt, denn sie bemerkten, dass es ihnen nicht gefiel, wenn andere Leute über ihre persönlichen Probleme Bescheid wussten.

Dieses Beispiel zeigt, wie stark neue Methoden der Kontextsensitivität ein Gefühl der Beunruhigung bezüglich der Privatsphäre auslösen können, auch dann wenn zuvor kein oder kaum Misstrauen bestand (siehe zum Thema Kontext das Kapitel „Kontextsensitivität")

Die neue Technologie des mobilen Internets erzeugte Bedenken der Sicherheit bei Kunden. So können Unternehmen auf Basis von Ortsdaten Daten miteinander verknüpfen und dadurch neue Informationen, auch hinsichtlich des mobilen Marketings, aufbauen. Diese Verfahrensweise erzeugt entsprechendes Misstrauen bei Kunden: „Für Kunden sind Sicherheitsbedenken und Überlegungen zur Privatsphäre wie auch der Kundennutzen integrativer Teil der Wahrnehmung des mobilen Internets" [Morlang, 2005 S. 132]. Um diese Sicherheitsbedenken zu bewältigen, müssen sowohl Unternehmen als auch der Staat entsprechende Maßnahmen ergreifen, um Datenmissbrauch vorzubeugen.

Im stationären Internet besteht für Unternehmen beispielsweise die Möglichkeit sich Programmen oder Organisationen anzuschließen, um den Datenschutz zu ermöglichen (vgl. dazu z.b. die Organisation eTrust unter http://www.etrust.org).

Es ist die Aufgabe von Unternehmen, ein Vertrauen zu ihren Kunden herzustellen, damit diese (mobile) Dienste des Unternehmens in Anspruch nehmen und dadurch die Kundenbindung gestärkt werden kann. So zeigt sich, dass Unternehmen den Schutz der Privatsphäre ernst nehmen sollten, denn „Vertrauen wird neben der Beschäftigung mit Sicherheitsbedenken gerade durch den Schutz der Privatsphäre geschaffen" [Morlang, 2005 S. 139].

Allerdings besteht diesbezüglich oft auch ein Spannungsverhältnis zwischen dem Schutz der Privatsphäre und dem gleichzeitigen Wunsch des Kunden nach Bequemlichkeit. Die Personalisierung von Daten und die Vereinfachung von Zahlungsmöglichkeiten bei der Nutzung von mobilen Diensten kann die Bequemlichkeit stark erhöhen, dahingegen besteht der Wunsch nach dem Schutz der Daten und Gefühle der Angst vor Überwachung. [Morlang, 2005 S. 141]

In Bezug auf das Schicken von Nachrichten seitens des Unternehmens an den Kunden, ohne dass dieser die Daten vorher anforderte (Push-Prinzip), wird auch auf das „Permission Marketing" verwiesen [Holland, 2009 S. 89]. Dabei gibt der Kunde vorher seine Einwilligung, dass ihm Nachrichten zugeschickt werden dürfen.

Da der Begriff der Privatsphäre mitunter nicht präzise zu definieren ist, wird von [Chen, et al., 2008] eine generelle Auffassung des Begriffes dargelegt. Privatsphäre umfasst dabei:

- Das Recht, die persönlichen Informationen über sich selbst zu kontrollieren (informationelle Privatsphäre),

- Das Recht, den Zugang zu der eigenen Person und dem Eigentum zu beschränken (physikalische Privatsphäre und Eigentumsrecht),

- Sowie das Recht, Entscheidungen über sich selbst ohne Beeinflussung von Anderen zu treffen (entscheidungsfreiheitliche Privatsphäre, Autonomierechte).

Deutsche Gesetzgebungen für die Erhaltung der Privatsphäre leiten sich grundsätzlich vom Grundgesetz ab. Das Recht auf Privatsphäre gilt nicht nur in Deutschland sondern in allen modernen Demokratien als Menschenrecht (siehe u.a. die Europäische Menschenrechtskonvention oder die UN-Menschenrechtscharta). Grundsätzlich ist das Recht auf Schutz der Privatsphäre in Deutschland aus dem Grundgesetz abzuleiten (siehe dazu Art. 1 und 2 GG).

Im speziellen Umgang mit Datenerhebung und –verarbeitung bei der Kommunikation mit mobilen Medien müssen sich Unternehmen an das Telemediengesetz (TMG), sowie das Telekommunikationsgesetz (TKG) halten. Darüber hinaus ist grundsätzlich das Bundesdatenschutzgesetz (BDSG) einzuhalten, dessen Zweck es ist „[…] den Einzelnen davor zu schützen, dass er durch den Umgang mit seinen personenbezogenen Daten in seinem Persönlichkeitsrecht beeinträchtigt wird" [§ 1 Absatz 1 BDSG].

Bei der s.g. „Erklärung von Montreux" wurde zur 27. Internationalen Datenschutzkonferenz 2005 an die wichtigsten Prinzipien zum Datenschutz erinnert (zu finden u.a. bei [Humanrights, 2005]). Folgende Prinzipien gehören dazu:

- Prinzip der Zulässigkeit und Rechtmäßigkeit der Erhebung und Verarbeitung der Daten,

- Prinzip der Richtigkeit,

- Prinzip der Zweckgebundenheit,

- Prinzip der Verhältnismäßigkeit,

- Prinzip der Transparenz,

- Prinzip der individuellen Mitsprache und namentlich der Garantie des Zugriffsrechts für die betroffenen Personen,

- Prinzip der Nicht-Diskriminierung,

- Prinzip der Sicherheit,

- Prinzip der Haftung,

- Prinzip einer unabhängigen Überwachung und gesetzlicher Sanktionen,
- Prinzip des angemessenen Schutzniveaus bei grenzüberschreitendem Datenverkehr.

Unternehmen müssen sich bei der Benutzung des mobilen CRM zum einen zwingend an gesetzliche Richtlinien halten und zum anderen eigene Datenschutzlinien aufstellen. Da sich Standards erst in der Zukunft etablieren werden, obliegt „in der nahen Zukunft [...] der Umsetzung von mCRM-Konzepten die Beachtung der gesetzlichen Regelungen sowie auch ein Eingehen auf Kundenbedenken in Bezug auf den Schutz der Sicherheit und der Privatsphäre" [Morlang, 2005 S. 145].

7 Zusammenfassung

Die Betrachtung des mobilen CRM offeriert einen vielschichtigen Begriff, der keine bloße Erweiterung des konventionellen CRM darstellt. Vielmehr stellt es Unternehmen eine Option zur Verfügung, sich den modernen Gegebenheiten durch mobile Technologien zu stellen, und dabei bestehende Geschäftsprozesse effektiver und effizienter zu gestalten.

Zu diesen Geschäftsprozessen gehören Prozesse aus vielen Bereichen des Unternehmens, so sind bspw. Marketing, Vertrieb und Service involviert, die durch das mCRM „mobilisiert" werden müssen. Ein Unternehmen kann sich bei dieser Umstellung nicht nur Kostensenkungen durch Prozessbeschleunigungen erhoffen, auch werden die Informationsflüsse verbessert. Das charakteristische Ziel eines CRM, die Stärkung der Kundenbindung, führt zu einer Umsatzsteigerung, die dem langfristigen Ziel der Unternehmung dient, Profite zu erwirtschaften.

Mobile Akteure können dabei sowohl Kunde als auch Mitarbeiter sein. So können in der Perspektive „mobiler Kunde" Dienste bereitgestellt werden, die dem Kunden aktiv helfen, ohne dass dafür große unternehmerische Ressourcen verbraucht würden. Durch personalisierte Inhalte und der Ausnutzung von Mobilen Mehrwerte, wie der Ubiquität und der Kontextsensitivität, lassen sich Kunden darin bestätigen, dass sich das Unternehmen um ihre Belange kümmert.

In der Ausprägung „mobiler Mitarbeiter" können Informationen bereitgestellt werden, die es dem Außendienst erlauben, zum Kunden zu fahren, ihm Produkte anzubieten und die Auftragsabwicklung dabei direkt mit dem Unternehmen abzustimmen, ohne dabei notwendigerweise ins Büro zurück fahren zu müssen.

Der ständige Transport von Kundendaten auf mobilen Endgeräten kann dabei allerdings auch als große Gefahr gesehen werden, wenn Angreifer von außen unberechtigten Zugriff auf diese sensiblen Daten nehmen wollen und das Gerät dafür nicht ausreichend geschützt ist. Das Unternehmen muss zur Prävention nicht nur das Gerät entsprechend einrichten (bspw. mit Firewall und Anti-Viren-Programm) sondern auch seine Mitarbeiter darin schulen, angemessen mit ihrem mobilen Endgerät umzugehen. Ebenfalls muss das Unternehmen darauf gefasst sein, dass solche Geräte verloren werden können. Dies geschieht besonders häufig an hektischen, frequentierten Orten wie dem Flughafen.

Nicht nur im Hinblick auf den Verlust von Kundendaten, sondern auch bereits bei der Erhebung und Nutzung solcher Daten, müssen Unternehmen die Privatsphäre der Kunden respektieren und nur solche Informationen verwenden, die der Kunde freigegeben hat. Ortsdaten etwa stellen nützliche Informationen dar, dürfen aber nicht benutzt werden, wenn die Verwendbarkeit nicht erlaubt wurde.

Welche konkrete Applikation das Unternehmen einsetzt, um dem Außendienst mobiles CRM zur Verfügung zu stellen, muss individuell entschieden werden. Viele Unternehmen setzen bei der Einführung auf eine Mischung aus internen und externen Einflüssen. Da diese Arbeit einen vorwiegend theoretischen Fokus besitzt, bleibt das Feld des praktischen Einsatzes als Forschungsfeld noch offen. Interessant wäre in diesem Aspekt auch die Betrachtung der Bedienbarkeit (Usability), die für einen effektiven und effizienten Umgang durch mobile Mitarbeiter zu einem mehr und mehr unerlässlichen Thema avanciert.

Zusammenfassend kann gesagt werden, dass es für moderne Unternehmen unumgänglich werden wird, sich mit mobilen Technologien ausreichend zu beschäftigen und ihre eigenen Geschäftsprozesse, insbesondere Prozesse des CRM zu mobilisieren. Mobiles CRM stellt ein immer noch relativ neues Feld dar, welches sowohl von der Forschung als auch von Unternehmen im praktischen Umgang noch näher untersucht werden muss.

Literaturverzeichnis

Abu-Nimeh, S. und Nair, S. 2006. Phishing Attacks in a Mobile Envionment. 2006.

Allen, J. 2001. There It Goes Again: the Rising Bar of Customer Expectations. *1to1media.* [Online] 03. 02 2001. [Zitat vom: 26. 09 2011.] https://www.1to1media.com/view.aspx?DocID=16345.

Amberg, M. und Lang, M. 2011. *Innovation durch Smartphone & Co. Die neuen Geschäftspotenziale mobiler Endgeräte.* Düsseldorf : Symposion Publishing GmbH, 2011.

Aziz, Z., Anumba, C. und Law, K. 2006. Using context-awareness and web-services to enhance construction collaboration. 2006.

Bach, V. und Österle, H. 2000. *Customer Relationship Management in der Praxis: Erfolgreiche Wege zu kundenzentrierten Lösungen.* Berlin : Springer, 2000.

Barnes, S. J., Scornavacca, E. und Innes, D. 2006. Understanding wireless field force. *Industrial Management & Data Systems.* 2006, 106(2), S. 172-181.

Benz, A., Ritz, T. und Stender, M. 2003. *Marktstudie mobile CRM-Systeme.* Stuttgart : Fraunhofer IRB, 2003.

Bitkom. 2010. Smartphone-Absatz 2011 über der 10-Millionen-Marke. [Online] 15. 11 2010. [Zitat vom: 26. 09 2011.] http://www.bitkom.org/de/presse/66442_65897.aspx.

Bollmann, T. und Zeppenfeld, K. 2010. *Mobile Computing.* Herdecke et al. : W3L GmbH, 2010.

Bruhn, M. 2009. *Relationship Marketing. Das Management von Kundenbeziehungen.* München : Vahlen Verlag, 2009.

Bulander, R. 2008. *Customer-Relationship-Management-Systeme unter Nutzung mobiler Endgeräte.* Karlsruhe : Universitätsverlag Karlsruhe, 2008.

Büllingen, F., Hillebrand, A. und R.G., Schäfer. 2010. *Nachfragestrukturen und Entwicklungspotenziale von Mobile Business-Lösungen im Bereich KMU.* Bad Honnef : WIK-Consult, 2010.

Burell, J. und Gay, K. 2001. Collectively defining context in a mobile, networked computing environment. *Short talk summary in CHI 2001 Extended abstracts.* 2001, May.

Camponovo, G., et al. 2005. Mobile Customer Relationship Management: an explorative investigation of the Italian consumer market. *Proceedings of the 4th International Conference on Mobile Business (ICMB 2005).* 2005.

Chan, S. S. und Lam, J. 2005. Customer Relationship Management on internet and mobile channels: An analystical framework and reasearch directions. [Buchverf.] P. C. Deans. *E-Commerce and M-Commerce Technologies.* Hersey et al. : IRM Press, 2005.

Chen, J. V., Ross, W. H. und Huang, S. F. 2008. Privacy, trust, and justice considerations for Location-Based Mobile Telecommunication Services. 2008.

Chen, J.-S. und Ching, R. K. H. 2007. The effects of mobile customer relationship management on customer loyalty: brand image does matter. *Proceedings of 40th Hawaii International Conference on System Sciences.* 2007.

Clarke, Irvine. 2008. Emergingvalue propositions for m-commerce. *Journal of Business Strategies.* 2008, 25(2).

Claus, V. 2006. *Duden Informatik.* Mannheim et al. : Bibliographisches Institut, 2006.

Dastani, P. 2003. Mobile Computer Aided Selling-Systeme. [Buchverf.] J. Link. *Mobile Commerce - Gewinnpotenziale einer stillen Revolution.* Berlin et al. : Springer, 2003.

Diller, H. 2002. *Grundprinzipien des Marketing.* Nürnberg : GIM, 2002.

Duran, R. E. 2010. Extending CRM with mobile messaging: a case study. *International Journal of Business Innovation and Research.* 2010, 4(1/2).

Dwivedi, H., Clark, C. und Thiel, D. 2010. *Mobile Application Security.* New York et al. : McGraw-Hill, 2010.

Eckert, C. 2009. *IT-Sicherheit.* München : Oldenbourg Wissenschaftsverlag GmbH, 2009.

Englert, R. und Rosendahl, T. 2000. Customer Self Service. [Buchverf.] R. Weiber. *Handbuch Electronic Business. Informationstechnologien - Electronic Commerce-Geschäftsprozesse.* Wiesbaden : Gabler Verlag, 2000, S. 317-329.

Eren, E. und Detken, K.-O. 2006. *Mobile Security.* München et al. : Carl Hanser Verlag, 2006.

Forrester. 2009. *Befähigung der Mitarbeiter: Mobiles CRM in Europa. Warum Unternehmen ihre CRM-Lösungen mobilisieren, um die Kundenzufriedenheit zu steigern und die Produktivität zu verbessern.* Cambridge : Forrester Research, 2009.

Friedman, J. und Hoffman, D. V. 2008. Protecting data on mobile devices: A taxonomy of security threats to mob. *Information, knowledge, systems management.* 2008, 7.

F-Secure. Mobile Security. [Online] [Zitat vom: 26. 09 2011.] http://www.f-secure.com/de/web/home_de/protection/mobile-security/overview.

Grandjot, T. 2006. *Mobile Scorecard. Entwicklung einer Balanced Scorecard für das mobile Customer Relationship Management (mCRM).* München et al. : Rainer Hampp Verlag, 2006.

Hampe, J. F. und Schwabe, G. 2002. Mobiles Customer Relationship Management. [Buchverf.] R. Reichwald. *Mobile Kommunikation.* Wiesbaden : Gabler, 2002.

Hartel, M., Bulander, R. und Decker, M. 2006. A literature survey on objectives and success factors of mobile CRM projects. *Proceedings of Second European Conference on Mobile Government.* 2006.

Hippner, H. und Wilde, K. D. 2006. *Grundlagen des CRM. Konzepte und Gestaltung.* Wiesbaden : Gabler Verlag, 2006.

Holland, H. 2001. Customer Relationship Management (CRM). *Gabler Wirtschaftslexikon.* [Online] 2001. [Zitat vom: 26. 09 2011.] http://wirtschaftslexikon.gabler.de/Definition/customer-relationship-management-crm.html.

Holland, H. 2009. *Direktmarketing. Im Dialog mit dem Kunden.* München : Verlag Franz Vahlen GmbH, 2009.

Houy, C., Fettke, P. und Loos, P. 2010. Mobiles Customer Relationship Management - Untersuchung des praktischen Einsatzes in Deutschland. [Buchverf.] M. Bick, et al. *Mobile und Ubiquitäre Informationssysteme.* Bonn : Gesellschaft für Informatik, 2010.

Hsu, C. F. und Lin, Shinn-Jong. 2008. mCRM´s New Opportunities of Customer Satisfaction. *International Journal of Human and Social Sciences.* 2008.

Hubschneider, M. 2007. Der Nutzen von CRM: CRM macht den Mittelstand erfolgreicher. [Buchverf.] M. Hubschneider und K. Sibold. *CRM - Erfolgsfaktor Kundenorientierung.* Freiburg et al. : Rudolf Haufe Verlag, 2007.

Humanrights. 2005. Datenschutz als Menschenrecht. *humanrights.ch.* [Online] 27. 09 2005. [Zitat vom: 26. 09 2011.] http://www.humanrights.ch/de/Instrumente/Nachrichten/Initiativen/idart_3560-content.html.

IDC. 2011. Abwehr neuer Angriffsszenarien, Cloud und Mobile Security sind die Top 3 Prioritäten deutscher IT Security Verantwortlicher. 2011.

Ivancsits, R. G. 2006. *Mobile Couponing und Ticketing. Instrument des Customer Relationship Management im Mobile Marketing.* Saarbrücken : Verlag Dr. Müller, 2006.

Kaspersky. Kaspersky Mobile Security 9. *Kaspersky Lab.* [Online] [Zitat vom: 26. 09 2011.] http://www.kaspersky.com/de/kaspersky-mobile-security.

Köhler, A. und Gruhn, V. 2004. Mobile Process Landscaping am Beispiel von Vertriebsprozessen in der Assekuranz. *Mobile Economy - Transaktionen, Prozesse, Anwendungen und Dienste. Proceedings zum 4. Workshop Mobile Commerce.* 2004.

Koster, K. 2002. Die Gestaltung von Geschäftsprozessen im Mobile Business. [Buchverf.] D. Hartmann. *Geschäftsprozesse mit Mobile Computing. Konkrete Projekterfahrung, technische Unterstützung, kalkulierbarer Erfolg des Mobile Business.* Braunschweig et al. : Vieweg, 2002, S. 127-145.

Kotler, P. und Bliemel, F. 2001. *Marketing Management.* Stuttgart : Poeschel, 2001.

Krafft, M. 2007. *Kundenbindung und Kundenwert.* Heidelberg : Physica-Verlag, 2007.

Kriewald, M. 2007. *Situationsabhängiges mobiles Customer Relationship Management. Analysen - Wettbewerbsvorteile - Beispiele.* Hamburg : Verlag Dr. Kovač, 2007.

Kuhlen, R. 1996. *Informationsmarkt: Chancen und Risiken der Kommerzialisierung von Wissen.* Konstanz : Universitätsverlag Konstanz, 1996.

Kunz, H. 1996. *Beziehungsmanagement: Kunden binden, nicht nur finden.* Zürich : Orell Füssli, 1996.

Kurbel, K., Dabkowski, A. und Jankowska, A. M. 2003. A Multi-tier Architecture for Mobile Enterprise Resource Planning. Frankfurt (Oder) : European University Viadrina, 2003.

Lee, T. und Jun, J. 2007. Contextual perceived value? Investigating the role of contextual marketing for customer relationship management in a mobile commerce context. *Business Process Management Journal.* 2007, 13(6).

Leenes, R. 2006. Deliverable D5.2b: ID-related Crime: Towards a Common Ground for Interdisciplinary Research. *FIDIS Work Package.* 2006, 5.

Lehner, F. 2003. *Mobile und drahtlose Informationssysteme.* Berlin : Springer, 2003.

Liljander, V., Polsa, P. und Forsberg, K. 2007. Do mobile CRM services appeal to loyalty program customers? *International Journal of E-Business Research.* 2007, 3(2).

Lin, H. und Wang, Y. 2005. Predicting consumer intention to use mobile commerce in Taiwan. *Proceedings of the International Conference on Mobile Business (ICMB '05).* 2005.

Mancini, C., et al. 2009. From spaces to places: Emerging contexts in Mobile Privacy. 2009.

Maslennikov, D. 2011. Mobile Malware Evolution: An Overview, Part 4. *Securelist.*
[Online] 22. 03 2011. [Zitat vom: 26. 09 2011.]
http://www.securelist.com/en/analysis/204792168/Mobile_Malware_Evolution_An_O
verview_Part_4.

Microsoft. Überblick über die Eigenschaften von Microsoft Dynamics CRM Mobile.
Microsoft. [Online] [Zitat vom: 26. 09 2011.]
http://www.microsoft.com/germany/dynamics/produkte/crm/mobile/eigenschaften/def
ault.aspx.

Morlang, C. 2005. *mCRM - Customer Relationship Management im mobilen
Internet.* Marburg : Tectum Verlag, 2005.

Pippow, I., Eifert, D. und Strüker, J. 2002. *Economic implications of Mobile
Commerce - An exploratory assessment of information seeking behavior.* 2002.

Ponemon, L. 2008. *Airport Insecurity: The case of lost & missing laptops.* s.l. :
Ponemon Institute, 2008.

Pousttchi, K. und Thurnher, B. 2006. Einsatz mobiler Technologie zur
Unterstützung von Geschäftsprozessen. [Buchverf.] J. Sieck und M. A. Herzog.
Wireless Communication and Information. Aachen : Shaker Verlag, 2006.

Pousttchi, K., Turowski, K. und Weizmann, M. 2003. Added Value-based
Approach to Analyze Electronic Commerce and Mobile Commerce Business
Models. *International Conference of Management and Technology in the New
Enterprise.* 2003.

Rangone, A. und Renga, F. M. 2006. B2E mobile internet: an exploratory study of
Italian applications. *Business Process Management Journal.* 2006, 12(3).

Ranjan, J. und Bhatnagar, V. 2009. A holistic framework for mCRM - data mining
perspective. *Information Management & Computer Security.* 2009, 17(2).

Ricoeur, P. 1992. Oneself as another. Chicago : Chicago University Press, 1992.

Ritz, T. 2003. Mobile CRM-Systeme. Customer Relationship Management zur
Unterstützung des Vertriebsaußendiensts. *ZWF.* 2003, 98(12).

Royer, D. und Rannenberg, K. 2006. Mobilität, mobile Technologie und Identität.
Mobile Identitätsmanagementsysteme. *Datenschutz und Datensicherheit (DuD).*
2006, 30(9).

Salesforce. Werden Sie mobil mit Salesforce. *Salesforce.* [Online] [Zitat vom: 26.
09 2011.] http://www.salesforce.com.

Scheer, A.-W., et al. 2001. Das Mobile Unternehmen. *IM Fachzeitschrift für
Information Management & Consulting.* 2001, 16(2).

Schierholz, R. 2007. *Mobile Kundeninteraktion bei Dienstleistungsunternehmen.*
s.l. : Pro Business, 2007.

Schierholz, R., Kolbe, L. M. und Brenner, W. 2007. Mobilizing customer relationship management. A journey from strategy to system design. *Business Process Management Journal.* 2007, 13(6).

Schumacher, J. und Meyer, M. 2004. *Customer Relationship Management strukturiert dargestellt. Prozesse, Systeme, Technologien.* Berlin et al. : Springer, 2004.

Silberer, G. und Schulz, S. 2008. mCRM: Möglichkeiten und Grenzen eines modernen Kundenbeziehungsmanagement. [Buchverf.] H. H. Bauer, T. Dierks und M. D. Bryant. *Erfolgsfaktoren des Mobile Marketing.* Berlin et al. : Springer, 2008.

Silberer, G. und Schulz, S. 2007. *Mobile Customer Relationship Management (mCRM): Die Pflege der Kundenbeziehung im Zeitalter der Mobilkommunikation.* Göttingen : Institut für Marketing und Handel der Georg-August-Universität Göttingen, 2007.

Simon, H. und Von der Gathen, A. 2002. *Das große Handbuch der Strategieinstrumente.* s.l. : Campus Verlag, 2002.

Sinisalo, J., et al. 2005. Initiation Stage of a Mobile Customer Relationship Management. *The E-Business Review.* 2005, 5.

Sinisalo, J., et al. 2007. Mobile customer relationship management: underlying issues and challenges. *Business Process Management Journal.* 2007, 13(6).

Steiniger, S., Neun, M. und Edwardes, A. 2006. Foundations of Location Based Services. Zürich : Department of Geography, University of Zürich, 2006.

SugarCRM. Mobile CRM for iPhone, Android, Blackberry and iPad. *SugarCRM.* [Online] [Zitat vom: 26. 09 2011.] https://www.sugarcrm.com/crm/mobile-crm.

Tarasewich, P. 2003. Designing mobile commerce application. *Communications of the ACM.* 2003, S. 57-60.

TechRepublic. 2009. Laptop security: where do CIOs see weaknesses? *TechRepublic.* [Online] 02 2009. [Zitat vom: 26. 09 2011.] http://www.techrepublic.com/whitepapers/laptop-security-where-do-cios-see-weaknesses/1387117.

Tschersich, M. 2010. Was ist ein mobiles Endgerät? *Mobile Zeitgeist. Trends, Anwendungen und Gedanken zum Mobile Business.* [Online] 09. 03 2010. [Zitat vom: 17. 07 2011.] http://www.mobile-zeitgeist.com/2010/03/09/was-ist-ein-mobiles-endgeraet/.

Turowski, K. und Pusttchi, K. 2004. *Mobile Commerce – Grundlagen und Techniken.* Berlin et al. : Springer, 2004.

Unnithan, C., Smith, R. und Fraunholz, B. 2007. Critical success factors for mobile CRM: a research framework. *Proceedings of 18th Information Resources Management Association Conference.* 2007.

Valiente, P. und van der Heijden, H. 2002. A method to identify oppotunities for mobile business processes. *SSE/EFI Working Paper Series in Business Administration.* 2002, 10.

Valsecchi, M., Renga, F. M. und Rangone, A. 2007. Mobile customer relationship management: an exploratory analysis of Italian applications. *Business Process Management Journal.* 2007, 13(6).

Weiser, M. 1991. The computer for the 21st Century. *Scientific American.* 1991, 265.

Welge, M. K. und Al-Laham, A. 2003. *Strategisches Management. Grundlagen - Prozess - Implementierung.* s.l. : Gabler, 2003.

Wilfing, C., et al. 2002. Sicherheitsaspekte im mCommerce-Bereich. [Buchverf.] D. Hartmann. *Geschäftsprozesse mit Mobile Computing. Konkrete Projekterfahrung, technische Unterstützung, kalkulierbarer Erfolg des Mobile Business.* Braunschweig et al. : Friedr. Vieweg & Sohn, 2002.

Ziberg, C. 2011. Unofficial: Apple approves 500,000 App Store apps in 34 months. *9to5Mac.* [Online] 24. 05 2011. [Zitat vom: 26. 09 2011.] http://9to5mac.com/2011/05/24/unofficial-apple-approves-500000-app-store-apps-in-34-months/.

Anhang A

Bedrohungsbaum eines Maskierungsangriffs (zu finden bei [Eckert, 2009 S. 185])

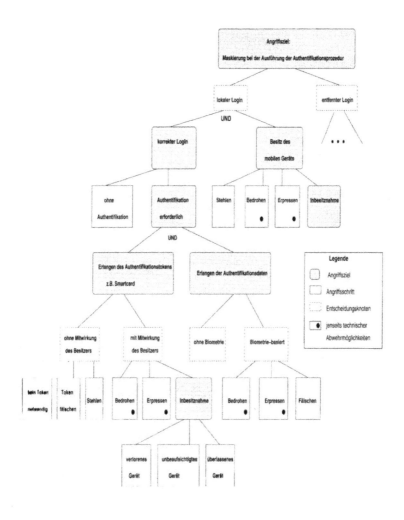